AF341852

ÉTUDE HISTORIQUE

SUR LA

POLITIQUE CRIMINELLE

(L'UTILITARISME)

PAR

L. MAILLARD

Docteur en Droit

Lauréat de la Faculté de Droit de l'Université de Paris

PARIS

LIBRAIRIE DE LA SOCIÉTÉ DU RECUEIL GÉNÉRAL DES LOIS ET DES ARRÊTS

FONDÉ PAR J.-B. SIREY, ET DU JOURNAL DU PALAIS

Ancienne Maison L. LAROSE & FORCEL

22, rue Soufflot, 22

L. LAROSE, Directeur de la Librairie

1890

ÉTUDE HISTORIQUE

SUR LA

POLITIQUE CRIMINELLE

(L'UTILITARISME)

A MON PÈRE

A MA MÈRE

ÉTUDE HISTORIQUE

SUR LA

POLITIQUE CRIMINELLE

(L'UTILITARISME)

PAR

L. MAILLARD

Docteur en droit
Lauréat de la Faculté de Droit de l'Université de Paris

PARIS

LIBRAIRIE DE LA SOCIÉTÉ DU RECUEIL GÉNÉRAL DES LOIS ET DES ARRÊTS
FONDÉ PAR J.-B. SIREY, ET DU JOURNAL DU PALAIS
Ancienne Maison L. LAROSE & FORCEL
22, rue Soufflot, 22
L. LAROSE, Directeur de la Librairie
1899

A MON PÈRE

A MA MÈRE

ÉTUDE HISTORIQUE

SUR LA

POLITIQUE CRIMINELLE

(L'utilitarisme)

INTRODUCTION

Lorsqu'on aborde l'étude des multiples questions que fait naître le crime, on se trouve en présence d'une distinction capitale, parfois un peu trop oubliée, celle du droit criminel et de la science criminelle : le premier, œuvre avant tout exégétique, consiste simplement dans l'étude et l'interprétation des dispositions contenues dans la loi : inutile, dans cet ordre d'idées, de s'attaquer aux grands principes ; les principes sont les articles des Codes, et la raison majeure de décision et de conduite consiste en cette affirmation : « Cela est ainsi parce que le législateur l'a dit ».

La science criminelle est tout autre ; la loi ne lui sert que d'objet de critique, ou tout au plus de champ d'expérimentation. Elle se place au-dessus des textes, et dicte des règles

au législateur, au lieu de lui emprunter les siennes : la science
pénale, c'est la science de la législation, et en matière criminelle surtout il convient de séparer nettement la science
législative et l'interprétation des textes.

Mais cette distinction faite, n'est-il pas évident que le jurisconsulte ne doit pas se renfermer dans ce dernier ordre de
connaissances ? N'est-il pas amené à se transformer malgré
lui en un critique, à comparer ce qui est et ce qui devrait
être ? Il est aujourd'hui devenu impossible d'être un pur jurisconsulte : la vie sociale nous réclame, et le devoir semble
incomber à chacun d'apporter à la solution des inquiétants
problèmes qu'elle suscite son contingent, sinon de science,
au moins de bon vouloir et d'activité. La situation est grave, il est impossible même aux plus optimistes de se le dis-
simuler : eût-on sur les lèvres le paradoxal et peut-être ironique sourire d'un Poletti (1), qui voit dans l'augmention des
crimes une cause d'allégresse pour le sociologue, cette augmentation de l'activité malfaisante étant selon lui en rapport
causal avec le développement de l'activité générale et particulièrement de l'activité industrielle, le fait n'en est pas moins
certain dans sa brutalité : le crime augmente, il nous menace,
nous sommes insuffisamment armés contre lui, il faut aviser
aux moyens les plus efficaces de le combattre.

L'organisation de la justice pénale actuelle dans son ensemble est un énorme anachronisme. La grave et un peu pé-
dantesque distribution de mois et d'années de prison, ou de
chiffres d'amendes qui constitue une séance de Tribunal

(1) V. Poletti. « *Il sentimento nella scienza del diritto penale.* »
Udine. 1882.

n'est-elle pas pour le penseur un pitoyable spectacle ? Un tel a volé, un tel a assassiné, un tel s'est rendu coupable d'une contravention : la balance de la justice fonctionne, on consulte le tarif établi, et le juge n'a plus qu'à annoncer le ré--sultat de l'opération : la société est sauvée, ou devrait l'être.

Ce système de tarification uniformément appliqué à tout citoyen coupable est peut-être quelque chose de très remarquable au point de vue de l'idée égalitaire que nous tenons, mais combien méconnaissable et étrangement souillée, de la grande Révolution. Au point de vue de la défense sociale contre le flot montant de l'activité malfaisante, c'est une arme rouillée et émoussée, c'est à la science pénale telle qu'elle existe aujourd'hui, vivifiée et renouvelée par les admirables travaux de ce dernier quart de siècle, à peu près ce que serait à la médecine actuelle l'antique pharmacopée des alchimistes du moyen-âge.

La méthode de combat est donc surannée ; de même l'instrument, c'est-à-dire la loi, nous apparait d'une telle vétusté qu'il touche à la décrépitude. Les principes sont aujourd'hui à peu près inadmissibles qui ont présidé à la confection de nos Codes, d'ailleurs incohérents, la pression des événements et des trop criants besoins ayant à plusieurs reprises au cours du siècle forcé les législateurs successifs à en réparer les brèches par l'adjonction sans méthode de pièces et de morceaux. L'application de règles aussi hétérogènes ne peut évidemment conduire qu'aux plus tristes résultats.

Quant au soldat du combat social, c'est-à-dire au juge, les procédés actuels de recrutement et d'instruction sont-ils propres à le rendre capable d'une compétente et efficace action ? Nourri dans la fréquentation du Code, nous pouvons et devons croire qu'il en connaît les détours; mais une semblable science lui sera-t-elle suffisante? La réponse certainement doit être négative. Le simple juriste ne trouve plus guère dans l'exercice de la magistrature judiciaire pénale que des problèmes complètement étrangers à ses études, problèmes médicaux, psychologiques, anthropologiques, sociologiques et autres pour la solution desquels force lui est de se faire aider par des spécialistes, dont le degré de compétence lui échappe d'ailleurs naturellement. Mais en définitive, c'est lui qui est appelé à résoudre la question en dernière analyse; c'est lui qui juge, et non l'expert: or par quels moyens pourra-t-il se former une opinion vraiment scientifique? Ici encore des réformes sont de plus en plus nécessaires, et violemment réclamées par d'éminents criminologistes, tels que MM. Tarde et Garofalo (1).

Telles sont dans leurs traits essentiels les causes de l'immense mouvement contemporain qui se produit dans la science du crime. Ce sont les fondements mêmes de l'organisation pénale qu'il s'agit de saper, comme ne répondant plus aux conditions nouvelles de la vie collective et de sa sauvegarde contre ses dissidents. Abandon complet des anciens principes, rejét des anciennes idées de justice absolue et de responsabilité morale, de tout ce qui peut tenir de près ou de loin à la métaphysique, leur remplacement par des notions scientifiques tirées de l'observation et de l'expérience, tel est le sens du mouvement actuel : on se sépare de la philosophie pénale pour se tourner vers les sciences biologiques

(1) Tarde « *La philosophie pénale* ». Lyon, 1890, p. 411, et « *La criminalité comparée* » Paris 1886 p. 20 et s. Garofalo : *Cio che dovrebbe essere un giudizio penale* » dans « *Arch. di psich.* » III, 1.

et sociologiques, dans lesquelles on tente même de noyer et
d'absorber le droit pénal : tout se rapproche et se resserre,
la marche se fait vers l'unité, vers l'équilibre final des différents ordres de connaissances humaines, vers la grande synthèse qui est le fond même et l'esprit des théories positivistes.

D'ailleurs le mouvement, il ne faut pas s'y tromper, n'est
pas particulier à la science criminelle. Le siècle finit dans
une sorte de malaise, dans une avidité de changement qui
reconnait pour cause le renouvellement scientifique du
savoir humain. Le malaise pénal fait partie de cet ensemble
d'aspirations généreuses et profondes au milieu desquelles
la vieille société se débat. Aussi bien voyons-nous le droit
criminel perdre ses caractères et son individualité propre,
puisque les partisans de l'utilité pratique ne parlent de rien
moins que de supprimer la peine (non point, il est vrai, par
un vague sentimentalisme, comme celui qui anima certains
publicistes, mais par le développement rationnel du progrès), cette suppression leur semblant un des traits essentiels de la marche vers l'amélioration et la perfection sociales : et dans un livre tout récent, l'un des protagonistes de
la révolution commençante résume avec son habituelle clarté
l'idée générale dans cette phrase : « La justice pénale a toujours eu un développement qui est en raison inverse du
développement de la justice sociale, de sorte que, au fur et
à mesure que la justice sociale s'organisera plus profondément et plus complètement, la justice pénale se rétrécira
jusqu'à disparaitre pour laisser place au traitemet médi-
cal des criminels isolés et rares (1) ».

(1) E. Ferri : « *La justice pénale, son évolution, ses défauts, son
avenir* ». Bruxelles, 1898, p. 81. De la conception de M. Ferri, on

Ces idées générales vont nous permettre de développer avec plus de précision et de sûreté la notion assez complexe au premier abord qui se cache sous l'expression de *politique criminelle*, et de mieux apercevoir les tendances actuelles des théories que cette formule désigne collectivement.

Le grand problème de la science pénale est le problème du fondement de la peine : pourquoi et de quel droit la société punit-elle ? De tout temps cette importante question a dominé la matière; elle la domine encore aujourd'hui, quoi qu'il puisse sembler de l'esprit des écoles contemporaines, esprit par nous reconnu plus haut, et qui les porte à s'écarter systématiquement de tout ce qui n'est pas la pure méthode scientifique du positivisme. C'est qu'en effet l'on ne saurait échapper à la difficulté en déclarant que le droit est chose essentiellement pratique, qui doit s'abstraire et se débarrasser de rêveries plus ou moins philosophiques, descendre de la sphère des questions purement spéculatives (1), et qu'il faut se placer en face de la réalité, laisser aux doctrinaires les subtiles théories, envisager le crime et les moyens de le combattre sans égard pour les formules d'une phraséologie sonore, mais vide de sens. Fût-on dominé par le plus absolu désir de fuir l'idéologie et de se borner au domaine

peut rapprocher une phrase de M. Sumner-Maine qui en prouverait historiquement l'exactitude. « Toutes les collections connues d'anciennes lois se caractérisent par un trait qui les distingue nettement des systèmes de droit perfectionnés : la proportion des lois criminelles et des lois civiles y est tout à fait différente. Je crois qu'on peut affirmer que plus un Code est ancien, plus les dispositions pénales y sont étendues et minutieuses. Sumner Maine « *L'ancien droit* » traduction Courcelle-Seneuil, p. 347.

(1) C. f. Von Liszt. *Bulletin de l'Union internationale de Droit Pénal*, V, 488.

de la pratique, comment se proposerait-on de rechercher le[s] moyens de lutter contre le crime, si l'on ne recherche en même temps la vraie raison de le combattre ?

Or, cet important problème ne comporte que deux solutions : ou bien la peine doit se rapporter au passé, ou bien elle doit viser l'avenir. Elle doit être une expiation, une résultante, un effet nécessaire dont la cause serait le crime, ou bien elle doit poursuivre un but, être une mesure de protection et de sauvegarde des intérêts sociaux. La criminologie doit-elle procéder de la cause efficiente ou de la cause finale ? « *Punitur quia peccatum est* », « *punitur ne peccetur* », l'opposition de ces deux vieilles maximes en sa concision détermine clairement la question primordiale de la science criminelle. Notre travail ne va être autre chose que l'histoire du triomphe de la seconde ; car c'est elle manifestement qui inspire à l'heure présente d'une façon inconsciente ou voulue et que les Allemands appellent la *Kriminalpolitik*, mot commode et expressif dont la traduction commence à peine à se répandre dans la langue Française.

La politique en général et sans qualification, c'est dans un sens large l'art de gouverner la société ; la politique criminelle, c'est la politique appliquée spécialement au combat contre le crime, c'est l'art d'approprier les institutions pénales le plus parfaitement possible au but désirable et poursuivi, c'est-à-dire à la guérison de cette maladie sociale qu'on appelle le délit. C'est la science théorique et pratique du combat contre le crime. Voilà à notre avis la notion qui se dégage des diverses définitions qui en sont données par les auteurs, la pensée finale et fondamentale qui se trouve enveloppée sous les formules. L'idée, on le voit, est ancienne,

comme du reste le mot, quoique l'emploi général de ce dernier et son succès soient de fraîche date. L'expression en
effet se trouve déjà dans un auteur allemand du commencement du siècle, Henke, qui publia en 1823 un ouvrage
sur le droit criminel et la politique criminelle (1). Aujour-
d'hui son usage tend de plus en plus à se généraliser, et
avec raison, pensons-nous, car malgré l'opinion contraire
de M. Ferri (2), elle nous paraît très claire, formulant dans
toute sa simplicité, si l'on reconnaît l'exactitude de l'interprétation que nous venons de lui donner, la distinction nécessaire entre le droit, étude et application des textes, et la
science de la législation, entre les deux points de vue « *de
lege lata* » et « *de lege ferenda* » Extrêmement large,
elle comprend tous les ordres de connaissances qui se ratta-
chent à la lutte contre le crime, elle s'accorde avec tous les
points de vue, comme nous allons pouvoir le reconnaître.

On peut cependant affirmer qu'aujourd'hui la tendance
de la politique criminelle est le rejet de la vieille idée de
justice absolue, de châtiment du mal commis, du crime considéré comme une entité ; c'est l'abandon de la notion classique, de la peine sanction expiatoire. Ici encore les Allemands, dont la langue synthétique se prête mieux que
la nôtre aux néologismes concis, ont créé deux mots bien
caractéristiques pour distinguer l'idée nouvelle de celle qui
disparaît peu à peu aujourd'hui : la peine selon l'Ecole classique, ils l'appellent « Vergeltungsstrafe », c'est-à-dire peine de
rétribution, par opposition à la peine telle que la conçoi-

(1) Henke « *Handbuch des Criminalrechts und der Criminalpo-
litik* » Berlin 1823.
(2) C. f. Ferri « *La sociologie criminelle* » Paris, 1893, p. 581 et s·

vont les nouvelles écoles, et qu'ils nomment « Zweckstrafe »
peine poursuivant un but (1). L'idée de but dans les institutions pénales est l'idée essentielle, l'idée directrice de la
politique criminelle, au moins telle qu'elle nous apparait
dans son type le plus caractéristique et le plus parfait, c'est-
à-dire telle qu'elle ressort, et des doctrines de l'Ecole Italienne, et des statuts de l'Union Internationale de Droit
pénal.

Tant s'en faut du reste que la notion de politique criminelle dans la forme absolue où nous venons de la montrer
soit acceptée par tout le monde. Beaucoup de jurisconsultes français et allemands n'ont pas encore, nous devons le
reconnaître, osé franchir le pas définitif et nier résolument
comme l'Ecole italienne ou tâcher de mettre à l'écart le
concept de responsabilité psychologique et morale qui entraîne indissolublement comme un boulet à sa suite le problème du libre-arbitre. L'idée du crime objectif, de la justice rétributoire n'est pas encore, loin de là, absente des
théories pénales : et nous assistons de tous côtés à de subtiles tentatives de conciliation, à la naissance de doctrines
assez hétérogènes où l'idée de finalité est mariée à l'idée de
justice dans un éclectisme d'ailleurs souvent ingénieux. On
nous montre cette dernière idée comme l'expression la plus
haute de toute politique criminelle : le plus grave problème
de cette politique consisterait précisément à rechercher les
fondements d'une juste législation : la justice serait donc le
but à atteindre, et loin de tomber dans le matérialisme,
comme sembleraient l'annoncer les tendances plus haut

(1) C. f. Von Liszt. *Lehrbuch des deutschen Strafrechts.*

constatées, nous nous trouverions en présence d'une science idéaliste, « la plus noble de toutes les sciences pénales (1). »

Ces doctrines bipartites, auxquelles on peut faire le même reproche qu'à la théorie classique de la justice absolue, le reproche de vouloir pénétrer l'inconnaissable et de donner ainsi au droit pénal, chose pratique s'il en fut, un fondement métaphysique incertain et par cela même inquiétant (2), sont à notre avis peu d'accord avec le mouvement et l'esprit général de notre époque : elles nous apparaissent comme une sorte de réaction, d'ailleurs peu surprenante, étant donné que le point d'origine des tendances dont nous avons à nous occuper, ou plutôt l'évènement qui en a provoqué la vigoureuse expansion, car elles ne sont pas toutes, comme nous le verrons, absolument nouvelles, peut être regardé comme tout à fait récent : il faut très certainement le placer à la date de la publication du livre de Lombroso, l' « *Homme criminel* » dont la première édition est de 1876.

Aujourd'hui donc la politique criminelle n'est pas pour nous comme pour les auteurs dont nous rapportions plus haut l'opinion, une science transcendantale : c'est un procédé positif et pratique, c'est l'art de combattre le crime dans ses manifestations particulières, un art d'adaptation des moyens à leur fin, aussi indépendant que possible des principes mé-

(1) Karl Stooss : « *Was ist Kriminalpolitik ? Eine Meingunsœusserung* » dans *Revue pénale Suisse* : VII, 3.

Et Merkel : *Vergeltungsidee und zweckgedanke im Strafrecht* : Berlin : 1892.

(2) Seuffert. « *Gutachten uber die Frage der bedingten Verurtheilung* » dans « *Verhandlungen a » 21 deutschen Juristentags* » Berlin, 1890, p. 246 et s.

taphysiques (1). Voilà ce qu'il y a au fond du mouvement pénal actuel, à l'état de théorie explicite chez les uns, vague et indéterminée chez les autres (2), et telle est aussi la notion dont nous allons retrouver les traces dans les théories utilitaires de Beccaria et de Bentham.

C'est là l'idée première, le point de départ : quant à sa mise en pratique, l'accord se fait aujourd'hui presque unanimement sur un point : c'est que le crime ne peut être considéré par le législateur comme un phénomène existant par soi-même, à l'état isolé et objectif ; il est inséparable de ses causes et conditions, ne peut être étudié ni combattu en dehors d'elles, et la principale des circonstances qui le modifient et le caractérisent, c'est la personnalité de son auteur, dont la considération doit primer tout le reste et passer au premier plan.

Est-ce, comme beaucoup le croient, le rejet absolu de la méthode ancienne, celle qui fait de la loi une sorte de catalogue des crimes, une énumération des actes délictueux et par suite de leurs châtiments ? Pas tout à fait, mais les théories actuelles atténuent considérablement l'importance de cette classification. Le crime cesse d'être la principale mesure de la peine, il n'est plus qu'un élément accessoire, un des symptômes dont l'observation permettra d'établir le

____

(1). Et c'est bien là l'esprit des fondateurs de l'Union Internationale, qui entendent se tenir au-dessus des luttes et des discussions de pure théorie. V. *Zeitschrift für die gesamte Strafrechtswissenschaft*, T. IX. p. 367.

(2). Ceux en effet qui dans la théorie partent d'autres principes sont conduits dans la pratique à ne pas être fidèles à leur point de départ. Von Liszt en cite un exemple frappant : V. *Zeitschr. f. d. ges. Strafr*. T. III, p. 30.

diagnostic sur la criminalité vraie de son auteur (1); la peine
ou toute autre mesure destinée à la remplacer doit être ba-
sée non plus uniquement sur le fait commis, mais sur la
possibilité d'autres faits à commettre, en un mot sur le
danger que présente le délinquant pour la société. Les diverses sortes de délits ne révèlent pas un danger égal et
semblable ; il est donc bon de les étudier, mais à ce point de
vue secondaire seulement, au point de vue symptômatique.
L'étude capitale est celle des criminels : ce sont des êtres
nuisibles, il faut parer aux conséquences de leur nocuité,
dont le crime commis n'est que le signe; signe encore grossier et plein d'inconvénients, mais dont il nous faut nous
contenter jusqu'à nouvel ordre, jusqu'au jour où la science
criminelle sera pourvue de moyens séméiologiques plus
parfaits.

Au lieu donc, suivant le procédé ancien, d'attacher une
peine à chaque crime, il faut adapter la peine à chaque délinquant individuellement considéré dans l'ensemble de sa
personnalité mauvaise. Il faut faire de l'individualisation pénale (2), ou à défaut, et toujours à cause de l'imperfection
des moyens pratiques dont nous sommes pourvus, moyens
qui ne nous permettent pas d'atteindre complétement les buts
que nous nous fixons à nous-mêmes comme désirables, il
faut faire tout au moins de la classification. Le criminel ne

____

(1) V. Ferri. *La sociologie criminelle*, p. 450.

(2) Cette idée dominante de la science pénale contemporaine
vient d'être nouvellement étudiée dans son fondement philosophique et dans son application pratique par M. Saleilles (*L'individualisation de la peine* (Paris 1898). Aussi n'y insisterons-nous que
très peu.

peut plus être considéré comme une entité toujours égale à elle-même, et dont il soit permis par conséquent de faire abstraction dans l'opération quasi-mathématique qui dans les systèmes classiques a pour but la fixation de la pénalité (1). Sa considération constitue une donnée variable dont on est obligé de tenir grand compte sous peine de fausser absolument les résultats. Toutefois il est chimérique de viser à l'exactitude absolue; on doit donc se contenter d'une approximation, et c'est précisément cette conception qui sert de guide à l'Ecole Italienne et à l'Ecole Allemande représentée par M. Von Liszt (2), conception qui a trouvé un écho dans les statuts de l'Union Internationale (3).

L'idée est-elle nouvelle? C'est ce que nous ne pensons pas. D'abord, en cherchant bien dans l'ancien droit, on en retrouverait certainement des traces ; officialités et justices civiles ont fait au moyen-âge dans une certaine mesure de l'individualisation : le système des peines arbitraires s'appropriait merveilleusement à la théorie (4). Mais l'idée même de fonder la peine non pas uniquement sur le crime, de faire intervenir pour sa fixation la considération du délinquant, de sa personnalité, de son caractère, et en définitive du danger qu'il offre pour l'avenir, se trouve, encore obscure et mal dégagée, il est vrai, et comme un peu noyée au milieu d'autres conceptions qui l'entourent et la soutiennent,

(1) V. M. Saleilles, *op. cit.*, p.
(2) Von Liszt. *Der Zweckgedanke im Strafrecht* dans *Zeitschr. f. d. ges. Strafr.* T. III p. 33.
(3) *Bulletin de l'Union Internationale de Droit pénal.* Art. II, § 1 des statuts.
(4) M. Saleilles, *op. cit.*, p. 45.

dans les théories utilitaires dont nous nous sommes proposé
l'étude ; dans la doctrine de Bentham surtout elle apparaitra
avec une certaine ampleur. Et c'est pourquoi, à notre avis,
on aurait tort de considérer ce jurisconsulte philosophe
comme le père et l'inspirateur du pur classicisme en droit
pénal. Bentham pour nous est l'ancêtre direct des adeptes
des nouvelles doctrines dites de l'Ecole Italienne : nous es-
pérons à la fin de cette étude pouvoir démontrer la vérité
d'une semblable proposition. C'est entre ces doctrines et son
système eudémoniste qu'il faut établir un lien, et il serait
peu exact de rattacher à ses idées les idées dites classiques.
Qu'on nous pardonne une observation d'une psychologie peut-
être trop peu sévère ; mais il s emble bien qu'un auteur classique, en quelque branche des connaissances humaines que
ce soit, doit avoir dans l'esprit, dans la personnalité, quelque chose de grave, de pondéré, d'académique pour ainsi
dire : le style, c'est l'homme ; le système philosophique aussi,
c'est l'homme : il doit être dans une certaine mesure le mi-
roir de son auteur. Or, Bentham, biographiquement par-
lant, n'est rien moins qu'un semblable type : bien qu'Anglais,
il a quelque chose de l'exubérance des peuples méridionaux.
C'est un original et bizarre personnage chez qui les idées
bouillonnent et éclatent avec une violence qu'il semble être
impuissant à réprimer. Quant à ces idées elles-mêmes, elles
ont une tournure absolument novatrice et révolutionnaire,
surtout si l'on se reporte par la pensée à l'époque où elles
ont été émises (1). La notion de justice, de loi morale, dont
le respect somme toute fait le fond des doctrines classiques,

____

(1) Bentham a vécu de 1748 à 1832.

il se bat véritablement contre elle, il lutte, il prétend la terrasser.

Chez Beccaria, la tendance, quoique à notre avis elle existe, comme on en pourra juger bientôt, apparaîtra cependant d'une façon moins frappante. Que le *Traité des Délits et des Peines* soit un livre inspiré par le souffle classique, c'est ce qu'il y aurait mauvaise foi à nier. Mais par certains côtés le philosophe Italien nous a semblé mériter une place dans une étude qui a pour but la recherche des solutions utilitaires données à la politique criminelle. Il n'y aurait du reste pas à forcer beaucoup l'idée que nous développons en ce moment, à savoir l'origine déjà ancienne des théories sur l'individualisation de la peine, pour pouvoir prétendre que Beccaria lui aussi est un individualisateur à sa façon. Seulement par malheur il s'arrête à la solution que M. Saleilles qualifie avec juste raison de mauvaise ; il veut poser en principe l'individualisation *légale*, il prétend viser par la loi tous les cas possibles, les régler jusque dans leurs plus minutieuses circonstances, de manière à ne laisser au juge qu'une besogne toute mécanique, et à lui retirer tout pouvoir d'interprétation. Mais de cette réglementation poussée à l'extrême il n'exclut nullement les considérations d'ordre subjectif, c'est-à-dire touchant le caractère du délinquant.

Nous apercevons quant à nous entre les théories dites « de politique criminelle », telles qu'elles nous apparaissent aujourd'hui sous l'influence, on peut le soutenir, des recherches de l'Ecole Italienne, et les théories développées par les criminalistes du commencement de ce siècle et de la fin du siècle dernier un rapport certain. C'est un travail de comparaison que nous nous proposons d'entreprendre. L'époque révolutionnaire a vu, elle aussi, l'éclosion d'une politique criminelle, d'une rénovation dans la méthode de combat contre le crime : seulement aujourd'hui la lutte a lieu contre le monde criminel, au siècle dernier on peut dire qu'elle se livrait contre le monde judiciaire. Voilà une des raisons, sinon la principale, des dissemblances que nous rencontrerons. Il s'agissait surtout alors de sauvegarder la liberté individuelle contre la véritable anarchie de la justice dans notre ancien droit, de réagir contre l'arbitraire illimité des juges et contre l'inutile atrocité des peines, résultat de leur ignorance. Les causes et conditions du mouvement n'étant pas les mêmes, il n'est pas surprenant que les conclusions dussent être souvent différentes (1).

Il y a une autre raison de divergence sur les principes : c'est l'admission par les uns de l'idée de libre-arbitre, qui se trouve actuellement soit rejetée, soit intentionnellement exclue des discussions. La liberté morale, la dignité humaine, et par conséquent la notion de responsabilité qui en dérive dominent les doctrines de l'utilitarisme de la première époque. De là au point de vue de l'organisation pénale et du but à atteindre par l'exécution de la peine ou des mesures qui lui sont connexes un certain désaccord dans les conceptions,

(1) Ces différences sont considérables, et nous ne songeons nullement à le nier : somme toute, les doctrines de Beccaria et (partiellement au moins), celles de Bentham, ont inspiré toute la science criminelle du siècle, que tentent aujourd'hui de ruiner les positivistes Italiens. Evidemment, il serait plus facile d'opposer que de rapprocher les théories des deux époques : nous croyons cependant que ce rapprochement, contraire aux idées généralement reçues, n'a rien d'artificiel, puisque nous le baserons sur les principes les plus fondamentaux des doctrines.

puisque les premières espèrent agir sur le moral de l'individu, le forcer à adopter une conduite honnête, l'amender ou tout au moins le détourner de la mauvaise voie par une « coaction psychologique », selon l'expression de Feuerbach. Actuellement au contraire, nous verrons que l'espoir d'un changement dans le caractère du criminel ne tient plus qu'une place tout à fait secondaire.

Cependant le désaccord initial ne produit pas dans les doctrines des différences aussi considérables qu'on pourrait l'imaginer. Les deux révolutions de la science criminelle se ressemblent sous plus d'un rapport : nous nous proposons, au point de vue purement historique, de mettre en parallèle les doctrines qui se trouvent à l'origine des deux mouvements en laissant de côté, ou à peu près, les événements d'ordre scientifique ou législatif qui en ont pu être la suite : nous placerons la naissance du premier dans les théories de Beccaria et de Bentham, le point de départ du second dans le brusque et violent effort de l'Ecole Italienne : tel sera le sens de notre étude.

CHAPITRE I

Beccaria (1).

Beccaria est l'initiateur des théories de politique criminelle systématiques et raisonnées ; le premier il donne à la science du crime une forme doctrinale, cherche les principes et les conséquences, à la place des solutions empiriques, de l'inco‑hérence sans frein au milieu desquelles se perdaient encore au siècle dernier législation et jurisprudence. Le premier il osa parler le langage du rationalisme et braver les colères de la réaction. « Que penser, écrit Muyart de Vouglans, d'un auteur qui prétend élever son système sur les débris de ceux admis jusqu'ici, qui pour l'accréditer fait le procès à toutes les nations policées ; qui n'épargne ni les législations, ni les magistrats, ni les jurisconsultes (2) ? » Une semblable critique est pour celui qui la provoqua un beau titre de gloire.

(1) Cesare Bonesana, marquis de Beccaria. Né à Milan en 1738, mort en 1794. Admirateur passionné et ami des philosophes Français de la fin du siècle dernier, de Diderot, Buffon, d'Alembert, Montesquieu, Helvétius, du baron d'Holbach, etc., il s'occupa comme eux des grands problèmes des sciences sociales, en particulier d'économie politique et de droit pénal. Son nom a été rendu illustre par son Traité sur les délits et les peines (*Dei Delitti et delle Pene*) qui parut en 1764, et dont l'influence a été prépondérante sur la science pénale contemporaine.

(2) Muyart de Vouglans. « *Réfutation des principes hasardés dans le Traité des Délits et des Peines*, Paris, 1766 ».

De son système toutefois nous ne prendrons que les grands principes : s'il fut un remarquable penseur, Beccaria n'a pas été un jurisconsulte, et la technique, le détail, lui échappent quelque peu. Les applications pratiques de l'idée utilitaire nous apparaîtront mieux dans les théories de Bentham et dans celles surtout de la nouvelle Ecole Italienne. Pour prendre toute sa valeur, la doctrine de Beccaria doit être à notre avis synthétiquement envisagée.

Il commence par affirmer comme base de toute théorie pénale le principe de l'utilité, et ce dans les mêmes termes que nous trouverons employés par Bentham (1) : l'utilité pour Beccaria, c'est tout ce qui contribue au bonheur général, à la plus grande félicité du plus grand nombre.

L'idée de justice naturelle ou religieuse doit être selon lui soigneusement écartée de la science sociale, à laquelle elle donnerait les plus dangereuses tendances. La société est fondée sur la notion de l'utile, car c'est l'utilité, ou pour mieux dire la nécessité qui a conduit les hommes à ce contrat social qui aurait mis fin à l'état primitif de lutte et de guerre où se trouva l'humanité. Le contrat social constitue le fondement du droit de punir : d'ailleurs il faut bien s'entendre sur sa véritable nature. « Il est vrai, dit-il, qu'il n'y a point eu de diète générale du genre humain où l'on ait fait semblable décret : mais il existe dans les rapports immuables des choses » (2). Chacun, afin d'assurer une paix gé-

<hr>

(1) « Priestley est le premier, dit Bentham, à moins que ce ne fût Beccaria, qui apprit à mes lèvres à prononcer cette vérité sacrée : le plus grand bonheur du plus grand nombre est la base de la morale et de la législation ».

(2) Beccaria. *Traité des délits et des peines*. Trad. Morellet. Paris 1797, p. 127.

nérale, aurait aliéné une partie de sa liberté ; et ces portions de liberté cédées forment la souveraineté de la nation ; les lois sont simplement les conditions du contrat, que les peines y attachées ont pour but de faire respecter par les particuliers. Seulement, comme dans tout contrat synallagmatique, chaque contractant n'a cédé que ce qu'il lui était impossible de conserver, que la plus petite portion possible de sa liberté ; cette remarque est essentielle pour la science de la législation, car « tout exercice du pouvoir qui s'étend au-delà de cette base est abus et non justice, est un fait et non un droit » (1). Qu'est-ce donc que le droit? C'est, non pas quelque chose d'opposé à la force, c'est la force de chacun restreinte de la façon la plus utile aux intérêts de plus grand nombre.

Cette conception de l'essence du droit est tout à fait celle qui se trouve au fond des théories actuelles : l'idée de la force sociale réagissant contre le criminel, nous la retrouverons chez les théoriciens de l'École italienne. De même l'économie dans les institutions pénales est un des principes les plus certains de la politique criminelle. Point de cruauté inutile, nous dit Beccaria ; point de pitié sentimentale, mais aussi point de pensée de vengeance, nous diront MM. Zürcher et Garofalo. Les formules se rejoignent, la pratique ici est la même, la théorie seule diffère ; elle diffère surtout en ce que les modernes refusent systématiquement de se livrer à l'examen de toute hypothèse fondée sur autre chose que la stricte et positive observation (2), au lieu que notre au

(1) *Id. ibid*, p. 9.
(2) V. Von Liszt. *Lehrbuch des deutschen Strafrechts*, § 15.

teur tire sa conception d'une autre conception, celle du contrat social : pour les contemporains, l'idée que nous analy-
sons, la modération des mesures pénales considérées comme
simples réactions est un point de départ et presque un
axiome ; pour Beccaria, c'est déjà un point d'arrivée, un
résultat de démonstration. Et s'il nous est permis d'émettre
ici une opinion critique, nous remarquerons qu'il y a progrès,
un progrès précisément d'économie dans les moyens employés, puisque les modernes anthropologistes et sociologues
tireront leur principe de l'observation directe, au lieu que
Beccaria le fait dépendre d'une hypothèse elle-même sujette
à contestation.

Si nous passons aux conséquences que Beccaria tire du
principe contractuel de la pénalité, nous voyons d'abord que
la peine doit avoir sa source uniquement dans la loi : le
magistrat, simple agent d'exécution, simple membre de la
communauté, ne peut infliger à un autre membre une peine
non prononcée par la loi, ni aggraver la peine prononcée ;
il doit appliquer les clauses du contrat, rien de plus. Quant
au rôle du souverain, dans les cas particuliers, ce ne peut
être que celui d'accusateur, et non d'arbitre ; il articule les
faits constituant une violation de la loi : l'accusé se défend
contre lui ; il faut un juge pour les départager. Le souverain
ne doit donc pas faire de lois particulières, car il serait en
ce cas à la fois juge et accusateur : il ne peut procéder que
par voie générale. Autrement il n'existerait aucune garantie pour la liberté individuelle.

Le juge, qui ne peut ni faire ni aggraver la loi, n'en est
pas non plus l'interprète ; le souverain seul, qui la crée,
peut l'interpréter, et son opinion s'impose au magistrat ; car

c'est de lui, de lui seulement, que ce dernier tient ses droits, n'ayant pas de pouvoirs propres, ne possédant pas, comme dit Beccaria, une sorte de prérogative héritée de ses prédécesseurs, qui lui auraient transmis la charge de faire exécuter les lois. De même l'obligation pour les particuliers de respecter les lois ne doit en aucune façon être considérée comme l'héritage du contrat primitif, auquel ils n'ont point pris part ; elle se renouvelle pour chacun de nous et procède du serment de fidélité exprès ou tacite que nous prêtons à la souveraineté.

Le rôle du juge (et il ne faut pas oublier qu'en raison des circonstances, c'était là une question d'importance capitale pour l'auteur du Traité des délits et des peines) se trouve ainsi nettement délimité. L'interprétation lui étant absolument interdite, il doit dans sa décision se borner à un syllogisme dont la majeure est la loi générale, la mineure l'action conforme ou contraire à cette loi et la conclusion une absolution ou une peine. Tout autre raisonnement doit être exclu, surtout celui qui se fonderait non pas sur le texte, mais sur l'esprit de la loi ; il pourrait, il est vrai, dans certains cas, en résulter un avantage présent et momentané, mais le péril futur serait immense, car l'interprétation donnée à l'esprit de la loi variera selon les différents juges, et même probablement selon les dispositions et l'humeur présente du même juge, et « le joug de cette multitude de tyrans est d'autant plus insupportable que la distance est moindre entre les oppresseurs et les opprimés (1) ».

Si les principes de Beccaria ont dans leur ensemble une

(1) Becc. *op. cit.* p. 17.

certaine communauté avec les idées modernes, on voit que les conséquences nous éloignent remarquablement des théories aujourd'hui en faveur sur l'individualisation judiciaire (ou même administrative) de la peine. La raison de la divergence résulte à notre avis d'une illusion de notre philosophe, illusion qui, encore une fois, s'explique par les conditions dans lesquelles il composa son ouvrage; la liberté individuelle était partout la proie de l'arbitraire : c'était elle surtout qu'il s'agissait de sauvegarder. Sous l'empire de l'indignation que lui causaient le désordre anarchique de la pratique pénale et les abus qui en étaient la suite, il a cru trouver le remède dans une réforme qui par la force ironique des choses et de l'expérience acquise nous apparait aujourd'hui comme impossible : il s'est fié à la clarté et à la prévoyance de la loi.

C'est en effet pour lui la principale qualité de la règle légale d'être extrêmement claire, autant pour éviter les erreurs du juge obligé de s'en tenir au texte même que pour être à la portée de ceux auxquels ce texte doit s'appliquer. A rejeter donc les formules obscures sous lesquelles la pensée exacte des anciens juristes est si difficile à saisir, les expressions et le style archaïques, le langage inconnu du peuple ou suranné. L'invention de l'imprimerie a, selon Beccaria, décidé de l'essor moral de l'humanité. — L'individu en effet doit être fixé sur l'étendue de ses droits; il doit savoir d'avance ce qu'il peut faire et ce dont il lui faut s'abstenir; cette certitude est la condition même de la liberté, l'exclusion de l'arbitraire; les hommes ainsi « seront moins esclaves de ceux qui ont donné le nom de vertu à la faiblesse et à la soumission aveugle à leurs caprices.... Ces principes, ajoute l'auteur, doivent déplaire sans doute à ces hommes puissants qui se font un droit de rendre à leurs inférieurs les coups de la tyrannie qu'ils reçoivent de ceux qui sont au-dessus d'eux. J'ai tout à craindre s'ils me lisent et m'entendent; mais les tyrans ne lisent point. » (1).

La clarté de la loi rend possible une institution préconisée par Beccaria, celle du jury choisi par le sort, qui à ses yeux constitue une garantie d'impartialité pour l'accusé. Du moment que l'application de la règle légale doit être une affaire de simple bon sens et non de science, inutile de créer une véritable caste de magistrats. Le jury doit être autant que possible tiré au sort parmi les pairs du prévenu, pour plus d'impartialité; car l'inférieur excite le mépris, et le supérieur la haine. — Les preuves à fournir aboutiront la plupart du temps à de simples certitudes morales : la décision sera fondée sur l'« *intime conviction* » des membres du jury. Toutefois Beccaria, toujours préoccupé de ce qu'on pourrait appeler une sorte d'automatisme légal, essaye de limiter même encore sur ce point le pouvoir d'appréciation du jury-juge et de poser quelques règles précises sur l'admissibilité des preuves. Il distingue la preuve *parfaite* (excluant la possibilité de l'innocence) et la preuve *imparfaite* (qui laisse subsister quelques doutes sur la culpabilité.) Une seule preuve parfaite suffira pour amener la condamnation, les preuves imparfaites ne valent que par leur nombre : toutefois, si l'accusé ne répond rien à une preuve de cette dernière espèce, alors que son innocence devrait lui fournir une réponse, il faut le regarder comme coupable. — La preu-

(1) Becc. *op. cit.* p. 18.

ve par témoins ne doit être admise qu'en tenant compte de l'intérêt du témoin à mentir ; de plus, un seul témoin ne valant pas plus que l'accusé, en cas de témoignage unique la présomption d'innocence prévaut. De même « la crédibilité d'un témoin peut quelquefois être moindre, s'il est membre de quelque société particulière dont les coutumes et les maximes soient peu connues, ou différentes des usages et des principes communs ; parce qu'un homme a non seulement ses propres passions, mais celles des autres (1) ». Enfin on doit difficilement admettre un témoignage sur un discours délictuel, à cause des infidélités de mémoire, et aussi de l'influence des circonstances sur la signification des paroles prononcées. Combien ces principes, surtout les derniers, devraient être encore aujourd'hui médités ! Trop oubliées sont souvent ces maximes, si justes et si actuelles, quoique datant de plus d'un siècle !

Bien entendu, Beccaria se prononce contre la torture, moyen de preuve aussi inutile que barbare, et aussi contre le serments que notre ancienne jurisprudence faisait prêter à l'accusé de dire la vérité ; on ne doit pas réduire le serment à ce rôle de simple formalité, l'intérêt devant ici parler plus fort que la religion.

En ce qui concerne le délit lui-même, Beccaria y voit simplement un dommage causé à la société, et c'est la grandeur de ce dommage qui donne le degré de gravité du crime, non pas l'intention du criminel, ni la dignité de l'offensé, comme certains le veulent, ni surtout la gravité de l'offense à Dieu, du péché, suivant la conception des théologiens,

____

(1) Becc. op. cit. p. 35.

dont la doctrine en cette matière est si dangereuse, et en même temps si irrationnelle, puisque la justice humaine, si cette doctrine était exacte, viendrait en quelque sorte au secours de la justice divine (1).

Parmi les crimes, certains tendent à la destruction de la société, d'autres attaquent le particulier dans ses biens, sa vie, son honneur, d'autres enfin sont contraires à ce que la loi prescrit ou défend de faire dans une vue d'intérêt public. En dehors de cette classification, on tombe dans le vague, l'incertitude, l'insécurité, on confond le domaine du droit et celui de la morale, si bien que parfois le droit et la morale se trouvent en contradiction. On serait ici peut-être tenté de reprocher à Beccaria de ne pas délimiter ces deux domaines avec assez de précision et d'exactitude. Mais, dans tous les systèmes utilitaires, la morale et le droit n'ont d'autres limites que les nécessités pratiques résultant de la forme de sanction propre au second, comme nous le verrons plus clairement en étudiant la théorie de Bentham. Il laisse aussi de côté, remarquons-le, la distinction du dol civil et du dol pénal. Tout acte nuisible au particulier ou contraire à ce que la loi ordonne et prohibe est susceptible d'être considéré comme un délit. Cette confusion du point de vue civil et du point de vue pénal est également systématique chez les criminalistes dont nous exposerons les idées, chez Bentham et chez l'École Italienne.

(1) A défaut de la conception individualiste et symptomatique du délit, étrangère, nous le savons, à l'époque qui nous occupe, nous remarquerons que Beccaria rejette une conception dont s'écartent également les criminalistes modernes, celle du crime considéré comme une atteinte à la justice absolue.

Où Beccaria montre la plus grande originalité, au moins si l'on se reporte à l'état des sciences pénales à l'époque où il écrivait, c'est dans l'ensemble de ses théories sur l'organisation des peines, et aussi dans l'analyse qu'il fait des sources d'erreurs et d'injustices en matière de législation. Quel est d'après lui le but de l'organisation pénale? « La fin de l'établissement des peines ne saurait être de tourmenter un être sensible, ni de défaire (qu'on nous permette cette expression) un crime déjà commis (1) ». On le voit, c'est la négation de la vieille idée du châtiment se rapportant au passé, idée qui était celle de notre ancienne jurisprudence; c'est le rejet de la maxime : « *Punitur quia peccatum est* ». La peine vise l'avenir, elle poursuit un but, et ce but est l'intimidation, ce qu'on appelle aujourd'hui la prévention générale et spéciale : « L'objet des peines est d'empêcher le coupable de nuire désormais à la société, et de détourner ses concitoyens de commettre des crimes semblables (2) ». Que faut il selon Beccaria pour atteindre le but tel qu'il le définit? Il faut et il suffit que le mal produit par la peine surpasse le bien que le coupable pourrait retirer du crime: une simple comparaison lui fera comprendre les avantages de l'abstention. Voilà une des formules de la peine utilitaire. Nous en

(1) Becc. *op. cit.*, p. 70.

(2) *Id. ibid.* Cette définition de l'objet des peines pourrait résumer dans sa première partie, la doctrine de l'Ecole Italienne, et dans sa deuxième la doctrine de MM. Alimena et Carnevale, de la « terza scuola ». Mais les conséquences que Beccaria va en tirer seront assez différentes, au moins dans les détails : car certains des développements qui vont suivre ne seraient certainement pas reniés, surtout par l'école citée en second lieu.

trouverons d'autres et aurons l'occasion de les comparer dans la suite de ce travail.

Cette règle donne à la fois l'étendue et la limite de la pénalité : s'il suffit que les peines surpassent les profits à retirer des crimes, il est complètement inutile de les porter à un haut degré d'atrocité. Il y a une mesure, une juste proportion à trouver entre le fait et sa répression ; la cruauté endurcit les âmes, qui perdent peu à peu leur faculté d'intimidation, va par conséquent à l'encontre des véritables fins d'une sage législation pénale. L'atrocité même de la peine fait que le malfaiteur n'hésite pas à commettre de nouveaux crimes et à accumuler les forfaits pour y échapper. Du reste il faut reconnaitre que la rigueur des peines doit être dans une certaine relation avec l'état des mœurs. « Il faut des impressions fortes et sensibles pour frapper l'esprit grossier d'un peuple qui sort de l'état sauvage. A mesure que les âmes s'adoucissent dans l'état de société, l'homme devient plus sensible, et si l'on veut conserver les mêmes rapports entre l'objet et la sensation, les peines doivent être moins rigoureuses ».

Ce n'est pas l'extrême sévérité qui rend la peine efficace ; elle peut et doit être douce, mais il faut de toute nécessité qu'elle soit inéluctable et certaine ; ce caractère de certitude fait toute sa force. Il faut soigneusement éviter tout ce qui serait de nature à le diminuer, même la possibilité pour la victime de pardonner, même et surtout le droit de grâce. La douceur des peines doit en effet rendre inutile la clémence, qui n'est pas une vertu, contrairement aux idées

courantes (1). « C'est du moins la vertu du législateur, et
non de l'exécuteur des lois (2) ». Autrement c'est une désap-
probation des lois elles-mêmes.

Les peines doivent être égales pour tous. « Les peines des
personnes du plus haut rang doivent être les mêmes que
celles du dernier des citoyens ». Il convient donc d'abolir à
cet égard toute espèce de privilège. Enfin les peines doivent
être proportionnées à la gravité des délits, gravité appréciée
comme nous l'avons vu plus haut, par la considération du
dommage causé à la société. Cette proportion est nécessaire,
car l'intérêt général veut non seulement qu'il se commette
peu de crimes, mais encore que les crimes les plus graves
soient aussi les plus rares. C'est donc le délit, non la personnalité du délinquant, qui doit servir de mesure à la pénalité. Il convient même de tenir compte de ses différents degrés d'exécution : la tentative, le crime commencé ne doivent pas être punis de la même façon que le crime consommé : il est bon de retenir le criminel sur la pente fatale,
de l'arrêter dans la consommation de son acte en lui laissant espérer moins de rigueur dans le châtiment.

On le voit, les raisons sur lesquelles Beccaria fonde la
proportionnalité ne sont pas des motifs de justice pure, mais
bien de simple utilité. Par un raisonnement analogue il réclame pour les simples complices d'un crime un adoucissement dans le châtiment. Il ne faut pas les traiter aussi sévèrement que l'auteur principal ; non pas que des considérations quelconques de mérite ou de démérite doivent en l'oc-

(1) Cette idée, très juste, a été reprise et développée par les criminalistes de l'École Italienne, notamment par M. Garofalo.
(2) Becc., *op. cit.*, p. 104.

currence intervenir, mais simplement parce que l'égalité
étant l'âme des associations de malfaiteurs, ceux-ci cher-
cheront toujours dans leurs entreprises à égaliser les risques ;
les distinctions établies par la loi à cet égard ont donc des
chances d'entraver leur entente : il leur sera plus difficile
de s'accorder (1). Toute cette théorie, si l'on admettait les
principes classiques sur la nature de la criminalité, procède
d'une fine analyse psychologique, assez nouvelle pour l'é-
poque. Malheureusement notre auteur oublie de nous défi-
nir la tentative et la complicité : il nous semble également
moins heureux, parce qu'il est infidèle à ses principes, lorsqu'il blâme les dispositions promettant l'impunité aux complices ou un adoucissement de peine s'ils dénoncent l'auteur principal ; c'est là d'après lui un arrangement immoral
entre la justice et celui qui a violé la loi. Que vient faire
cette considération dans une théorie utilitaire? Seul le nuisible est immoral. Or Beccaria reconnaît que de semblables
dispositions pourraient être avantageuses.

Sur les différentes sortes de peines, les idées du philosophe Italien, qui ne se livra jamais à des études juridiques
approfondies, sont assez vagues et exposées avec peu de
méthode. Il admet l'emprisonnement, le bannissement, qui

(1) Ces conclusions sont contraires à celles que tirent les criminalistes de la nouvelle école de leurs observations sur les actes
de tentative et de complicité : ces actes peuvent dénoter une perversité aussi grande que celle résultant d'un crime achevé ou principal. Leurs auteurs doivent donc être traités de la même façon.
Le raisonnement de Beccaria nous a semblé cependant digne d'être
rapporté, parce qu'il est uniquement inspiré par des raisons pratiques : c'est une véritable théorie de politique criminelle dictée par
a préoccupation de parer au crime, et non de châtier celui qui l'a
commis.

selon lui pourrait être avantageusement employé contre les individus accusés sans preuve complète d'un crime atroce — la confiscation, mais seulement dans certains cas particuliers , parce qu'en général les conséquences sont de nature à rejaillir sur la famille du condamné, — les peines infamantes, pourvu que le législateur ait soin de mettre les règles qu'il pose d'accord avec le sentiment populaire, — les peines pécuniaires, — et enfin, sans trop en indiquer la mise en pratique, une sorte de servitude pénale ayant pour but de forcer le coupable à indemniser sa victime. — Mais il attaque avec violence la peine de mort, et nous devons dire quelques mots de sa célèbre critique à ce sujet.

Il voit dans la théorie du contrat social un motif de se prononcer pour l'abolition de cette peine. En effet, l'homme on l'a vu, n'a abandonné que la plus petite portion possible de sa liberté individuelle; comment donc pourrait-on concevoir qu'il eût donné à la société le pouvoir de lui enlever le plus grand de tous les biens, la vie? A quel mobile aurait-il pu logiquement obéir? Quel avantage aurait pu le déterminer, puisqu'il abandonnait ainsi le plus important de tous les avantages? De plus, n'ayant pas lui-même le droit d'attenter à son existence, comment aurait-il transmis ce droit à la société?

Ces critiques, même si l'on admet la théorie du contrat social, nous semblent manquer de fondement, la première, parce qu'on voit très bien l'intérêt qu'un contractant peut avoir à se dépouiller éventuellement de tout le profit du contrat pour le cas où il viendrait à en violer les clauses, si son adversaire se soumet à cette même condition: car cette dernière assure un maintien plus efficace du pacte et des avantages que son exécution doit procurer ; (1) — et la seconde parce que le suicide ne présente un caractère d'immoralité que si le suicidé a obéi à des considérations à lui particulières, à son propre découragement individuel : au contraire le sacrifice de son existence à la sauvegarde de celle d'autrui est un noble dévouement ; or c'est sous ce caractère que nous apparaît le sacrifice éventuel contenu dans le pacte social ; chacun donne à la société le droit de lui enlever la vie si cette exécution est devenue nécessaire à la conservation de la communauté.

Mais est-elle jamais nécessaire ? Beccaria répond par la négative, car à son avis ce n'est pas l'intensité de la peine, c'est sa durée qui affecte le plus l'esprit, des impressions faibles, mais répétées, produisant plus d'effet qu'une impression violente, mais courte ; aussi le spectacle durable d'un criminel réduit à une condition misérable produira une sensation plus profonde que le spectacle fugitif de l'échafaud. Et les criminels pourront plus facilement braver le dernier supplice, où parfois leur vanité trouve à se satisfaire, qu'un éternel et déprimant esclave.

On voit que la critique de Beccaria porte sur le défaut d'intimidation suffisante de la peine de mort ; mais, outre que l'intimidation n'est pas le seul argument des partisans de ce supplice (on peut par exemple poursuivre la complète élimination des criminels), ce caractère pourrait sans doute être renforcé par l'organisation de cette peine et surtout de son application. Les critiques à adresser à la peine de mort

(1) Cette sorte de stipulation est simplement celle que l'on désigne en droit civil sous le nom de *clause pénale.*

sont à notre avis d'ordre différent ; mais ce n'est point ici le lieu de les examiner.

Si la peine de mort doit être rejetée, les autres peines ne doivent être employées, selon Beccaria (et cette opinion est, nous le verrons, partagée par tous les utilitaires), qu'à défaut d'autres procédés de défense contre les crimes. Il faut principalement chercher à prévenir ceux-ci, plutôt qu'à les réprimer. Ce n'est pas par la multiplication des mesures légales qu'on parviendra à cette fin ; on aura beau défendre certaines actions par elles-mêmes indifférentes, sous prétexte d'empêcher les crimes qui peuvent en être la suite, bien loin d'arriver par là à la suppression des délits, on en créera plutôt de nouveaux. Ce qu'il faut, c'est introduire dans les lois la clarté et la simplicité, puisque l'incertitude est une des sources les plus importantes de la criminalité. Liberté et instruction, voilà encore de puissants facteurs pour l'amélioration sociale : que le peuple ne soit plus séduit par l'imposture et le mensonge ! Mais l'éducation surtout est une force précieuse qu'il ne faut pas négliger.

Les principaux vices des lois pénales viennent selon Beccaria des fausses idées que les législateurs se font de l'utilité. « Celui-là a de fausses idées d'utilité, nous dit-il, qui tient plus de compte des inconvénients particuliers, que des inconvénients généraux; qui veut commander aux sentiments, au lieu de les exciter, et qui ose dire à la raison : sois esclave. Celui-là a de fausses idées d'utilité, qui sacrifie mille avantages réels à la crainte d'un désavantage imaginaire ou de peu de conséquence; qui voudrait ôter aux hommes le feu parce qu'il cause des incendies, et l'eau, parce qu'on s'y noie, et qui ne sait empêcher le mal qu'en détruisant. C'est avoir de fausses idées d'utilité, que de vouloir donner à une multitude d'êtres sensibles, la symétrie et l'ordre que peut recevoir une matière brute et inanimée; de négliger les motifs présents, les seuls qui agissent sur les hommes d'une manière forte et durable, pour employer des motifs éloignés, dont l'impression est faible et passagère, à moins qu'une force d'imagination dont peu d'hommes sont doués, ne supplée par l'agrandissement de l'objet à son éloignement. Enfin, j'appelle fausse idée d'utilité celle qui fait sacrifier la chose au nom, et séparer le bien public du bien de tous les particuliers (1). »

Nous avons cité en entier ce passage, parce qu'il contient à notre avis un excellent résumé de la pure doctrine utilitaire, de celle que nous allons maintenant trouver exposée avec plus de précision et de développement dans le système de Bentham.

(1) Becc. *op. cit.*, chap. XXXVIII.

CHAPITRE II

Bentham (1)

Section i

Morale de Bentham.

Il est impossible d'étudier les théories juridiques de Bentham sans connaître le système de morale sur lequel il les fonde. La morale toutefois ne fut nullement le but principal de ses recherches. Esprit pratique avant tout, et conséquent avec les principes mêmes de sa doctrine, il a fui la théorie pure, cherchant à faire œuvre utile, à régler l'application des idées nouvelles qu'il exposait ; il fut un jurisconsulte, et toute sa vie aspira à être un légis·lateur. Ce sont de véritables Codes que ses ouvrages, où principes et conséquences figurent rangés comme les arti-

(1) Jeremy Bentham. Né à Londres en 1748, mort en 1832. Son existence tout entière fut consacrée à l'étude des réformes socia-les. Il attaqua violemment les idées de Blackstone, son premier maître, publia de nombreux pamphlets : son esprit sarcastique et mordant n'épargna même pas le roi Georges III, dont l'animosité fit échouer certains projets du philosophe, déjà votés au Parle-ment. La Convention lui décerna le titre de citoyen Français, en reconnaissance des conseils qu'il lui avait adressés sur l'organisa-tion administrative. Il entreprit de grands voyages à travers l'Euro-

cles d'une loi nouvelle, avec un soin des détails poussé à
un point de minutie extraordinaire (1).

La morale donc, qui lui sert de point de départ, procède
des systèmes eudémonistes dont l'Epicurisme dans l'antiquité
est la plus parfaite expression. Mais c'est un Epicurisme élevé
en quelque sorte, et purifié. Pour tous les utilitaires, la fin
de la conduite humaine est le bonheur humain. Seulement,
tandis que les prédécesseurs de Bentham se montrent trop
enclins à faire consister ce bonheur dans une sorte d'anéan-
tissement de l'être (2), dans une auto-contemplation bizarre
à constater dans des doctrines anti-religieuses, notre philosophe parvient à faire de la règle eudémoniste un principe
d'action, simplement en s'élevant de la sphère du bonheur

po pour mieux étudier les principes des diverses législations et tenter
de les améliorer, ce à quoi il réussit particulièrement en Russie,
grâce à la protection du prince Potemkin.—Ses principaux ouvrages
sont : l'*Introduction aux principes de morale et de jurisprudence*
(1789) ; la « *Théorie des Peines et des Récompenses* » (1818) le « *Traité
de législation civile et pénale* (1820) ; la « *Tactique des assemblées
législatives* » (1822) le « *Traité des preuves judiciaires* » (1823), et
enfin la « *Déontologie* » ou *Science de la morale* » publiée après sa
mort en 1834.

(1) Il faut cependant remarquer qu'il n'a pas rédigé lui-même
les ouvrages qui renferment sa doctrine : Si l'esprit de minutie que
nous venons de constater doit lui être attribué en propre, l'expression, la forme extérieure, sont l'œuvre de son ami Dumont de
Genève, qui classa et réunit les innombrables notes laissées par lui.
Caractère bizarre et original, d'une activité fébrile, Bentham ne
trouva jamais le temps de se livrer à un travail suivi de rédaction :
constamment à la recherche d'idées nouvelles, il les notait sans se
préoccuper du style ni de l'expression, qu'il regardait comme secondaires : l'idée seule est utile : qu'importent les mots et les phrases.

(2) Le parfait bonheur pour Epicure se trouve dans la tranquillité,
égoïste, état d'âme particulier qu'il désigne sous le nom de « ἀταραξία »,
c'est-à-dire « absence de soucis. »

individuel et égoïste à celle du bonheur général) ; c'est à ce bonheur général de l'humanité que chacun doit travailler, c'est lui, pour employer l'expression consacrée du benthamisme, qu'il doit s'efforcer de « maximiser. »

La fin morale de l'homme c'est l'utilité, et l'utilité consiste à rechercher le plaisir et à fuir la douleur. Qu'est-ce que le plaisir, qu'est-ce que la douleur ? Au lieu de donner une définition, peut-être impossible, Bentham n'hésite pas à procéder par énumération, il donne une liste des plaisirs et des peines (1). Les principaux plaisirs selon lui sont ceux qui proviennent : des sens, de la richesse, de l'adresse, de l'amitié, d'une bonne réputation, du pouvoir, de la piété, de la bienveillance, de la malveillance, (souffrances des personnes que nous haïssons), de la mémoire, de l'espérance, etc., et les principales peines celles qui sont causées par la privation, les sens, la maladresse, l'inimitié, la mauvaise réputation, etc. (2). Seulement ces divers plaisirs et ces diverses peines ne sont pas tous égaux entre eux ; chacun possède sa valeur relative, et pour estimer cette valeur, il est nécessaire de procéder à une nouvelle énumération, celle des causes susceptibles de la faire varier. La valeur d'un plaisir ou d'une peine dépend des circonstances suivantes : 1° Son intensité, 2° sa durée, 3° sa certitude, 4° sa proximité, 5° sa fécondité, 6° sa pureté, 7° son étendue, c'est-à-dire le nom.

(1) V. *Traités de législation civile et pénale*, rédigés par Dumont de Genève, 2ᵉ éd. Paris, 1820. T. I. Ch VI.

(2) Nous ne pouvons donner ici que des exemples, mais Bentham prétend dresser un catalogue complet.

bre des personnes qui doivent se trouver affectées par ce plaisir ou par cette peine (1).

Ces principes une fois posés, la morale n'est plus qu'une simple affaire d'arithmétique : veut-on savoir si une action est bonne ou mauvaise, on fera la somme des plaisirs qu'elle est capable de procurer, puis la somme des peines qui peuvent s'ensuivre, le tout en tenant compte des divers facteurs qui modifient la valeur de ces éléments ; puis une simple soustraction indiquera la conduite à suivre, l'homme devant rechercher la somme la plus grande possible de plaisirs, avec la somme la plus petite possible de peines. Objecte-t-on que le « *calcul utilitaire* » sera fort difficile, souvent même impossible ? Mais répond Bentham, « il ne s'agit pas de recommencer ce calcul à chaque occasion : quand on a acquis la justesse d'esprit qui en résulte, on compare la somme du bien et du mal avec tant de promptitude qu'on ne s'aperçoit pas de tous les degrés du raisonnement. On fait de l'arithmétique sans le savoir. Cette méthode analytique redevient nécessaire, lorsqu'il s'agit d'éclaircir un point contesté, d'enseigner ou de démontrer des vérités à ceux qui ne les connaissent pas encore (2) ».

Qu'on se garde bien de voir dans l'éthique de Bentham une morale grossière, dont l'effet serait le développement des plus bas instincts de l'homme. Les conclusions auxquelles il arrive sont au contraire d'une rare élévation. L'homme n'est pas fait pour vivre seul : c'est un être sociable ; aussi

(1) Bentham *op. cit.* T. I. p. 50.
(2) Bentham *op. cit.* p. 50. C. f. Stuart Mill : « *L'utilitarisme* » p. 43 et s.

existe-t-il pour lui des plaisirs sociaux : par exemple, dans la liste donnée ci-dessus, on peut remarquer les plaisirs qui se rapportent à autrui. Deux principes, celui de la « *sympathie* » et celui de la « *sanction* » (1) vont donner au benthamisme une portée considérable : 1° la sanction, car si l'homme ne voulait tenir compte que des plaisirs égoïstes, « il pourrait arriver que l'acte qui nous promet un plaisir actuel fût préjudiciable à ceux qui font partie de la société à laquelle nous appartenons ; et ceux-ci ayant éprouvé un dommage de notre part, se trouveraient portés par le sentiment seul de la conservation personnelle, à chercher les moyens de se venger de nous en nous infligeant une somme de peine égale ou supérieure à la somme de bonheur que nous aurions goûtée ». 2° La sympathie ou bienveillance, qui va nous mener à la philanthropie universelle : le bien fait à nos semblables nous donnera le plaisir venant de la satisfaction du sentiment sympathique, et de plus nous ménagera leur utile reconnaissance.

A l'aide de ces deux principes, la morale sociale est fondée. « La vertu sociale est le sacrifice qu'un homme fait de son propre plaisir pour obtenir, en servant l'intérêt d'autrui, une plus grande somme de plaisir pour lui-même (2) ». Notre véritable bonheur s'identifie avec le bonheur des autres hommes : ce sont choses inséparables et le premier ne peut exister sans le second ; ainsi donc, en travaillant

(1) C. f. Guyau. *La morale anglaise contemporaine*, p. 21.

(2) *Déontologie*, t. I. p. 173. On le voit, la recherche bien comprise du plaisir peut nous conduire parfois au sacrifice : telle est, selon Bentham, l'origine et la seule explication de la vertu.

C. f. Stuart Mill. *op. cit.*, ch. V.

au bonheur des autres, nous travaillons en réalité pour nous-mêmes, et réciproquement, et la doctrine de l'égoïsme primitif se résout en un large et fécond altruisme. Dévouons-nous au bonheur général, telle est la maxime dernière ; le but de la morale, c'est d'assurer la plus grande somme de bonheur possible au plus grand nombre d'hommes possible, « *the greatest happiness of the greatest number* » : voilà la formule de « *maximisation* » du bonheur. Il faut même faire rentrer dans cette formule du bonheur général non-seulement celui de l'humanité, mais encore celui du monde animé tout entier : la prospérité universelle est en effet la somme des prospérités de toutes les unités individuelles qui composent l'univers.

Le système de morale que nous venons d'exposer brièvement sert de préparation et en quelque sorte de préface aux doctrines de Bentham sur la législation.

L'objet de la morale et de la législation est d'après lui identique : leur but commun est d'assurer la plus grande somme possible de bonheur à l'humanité. Mais si elles se rapprochent par le but, elles se distinguent par l'étendue, et ce à cause de la différence de leurs sanctions. Les sanctions de la morale sont *physiques, sociales, morales et religieuses*. La sanction de la législation est *politique*.

A. — La première sanction se rapporte à la nature individuelle considérée sous le double rapport physique et psychologique ; la méconnaissance de la loi du plaisir produira une douleur physique ou morale.

B. — La sanction sociale « est celle qui résulte des relations domestiques ou personnelles de l'individu (1) ». Ainsi

(1) Bentham, *La déontologie*, p. 110.

un père élèvera ses enfants selon les règles de la morale, et ses enfants le respecteront, et *vice-versa*.

C. — La sanction morale ou populaire « est celle qu'on appelle communément opinion publique. Elle peut se diviser en deux branches, l'une *démocratique*, l'autre *aristocratique*, lesquelles attribuent à des actes de la même nature une proportion bien différente de récompense ou de punition (1) ». Ainsi la sanction démocratique tolère le combat à coups de poing et réprouve le duel, tandis que la sanction aristocratique est absolument inverse.

D. — La sanction religieuse ou surhumaine peut être fort bienfaisante par sa grande efficacité, si la religion se met d'accord avec les principes de la morale, c'est-à-dire si elle vise au bonheur. Malheureusement, la superstition, est un faux principe auquel Bentham s'attaque violemment, celui de *l'ascétisme*, qui fait de la douleur un bien en soi, ont eu jusqu'à présent de désastreux effets ; les religions voient dans la théorie de l'utilité l'ennemi à combattre : en fait elles sont donc nuisibles.

E. — Enfin la sanction politique est celle qui résulte des lois. Cette sanction requiert une organisation particulière et artificielle, dont les imperfections sont telles, qu'en certains cas elle pourra produire un mal plus grand que l'impunité de la faute, par exemple le scandale si l'on veut punir l'adultère, ou le risque d'erreur judiciaire si le délit est de ceux dont la preuve est délicate (séduction, etc.) La règle benthamiste étant en pareil cas de choisir le moindre mal, le législateur devra en conséquence parfois s'abstenir de prohibi-

(1) Bentham, *id*, p. 111.

tions qui, au point de vue de la morale, pourraient être fort désirables, mais qu'il se trouve dans l'impossibilité de sanctionner.

Section II

De la législation en général.

Le législateur, comme le moraliste, doit donc s'inspirer des règles du calcul utilitaire ; il fera la différence entre les avantages et les inconvénients de chaque institution et comparera entre eux les résultats. Sa tâche est d'ailleurs extrêmement délicate, et Bentham a soin de le mettre en garde contre certains vices de raisonnement qu'en fait les jurisconsultes n'ont pas toujours su éviter. Les principales causes d'erreur en matière de législation sont, d'après lui, les arguments fondés sur l'antiquité de la loi, l'autorité religieuse, le reproche d'innovation, les définitions arbitraires, les métaphores, les fictions, les raisons fantastiques (par exemple le prétendu *droit naturel*), les pétitions de principe, les lois imaginaires. « Il faudrait encore signaler ici les fausses routes où l'on est particulièrement entraîné dans les assemblées délibérantes, les personnalités, les imputations de motifs, les longueurs, les déclamations ; mais ce qu'on a dit suffit pour caractériser ce qui est raison et ce qui ne l'est pas sous le principe de l'utilité (1) ».

Le bonheur de la société, but final de toute loi, peut,

(1) Bentham. *Tr. de lég. civ. et p.*, T. I, p. 132.

d'après Bentham, s'analyser en quatre éléments, la *subsistance*, l'*abondance*, l'*égalité*, la *sûreté* : la subsistance et l'abondance, comme éléments du bien social, n'ont pas besoin de commentaires. L'égalité doit être établie dans la répartition de la richesse : une répartition nouvelle devrait donc être recherchée. Toutefois, il ne faut recourir en poursuivant ce but qu'à des moyens pacifiques; les moyens violents sont à rejeter, car ils constitueraient un attentat à la sûreté, qui est le bien social le plus important. De plus, la somme des inconvénients qui résulteraient pour les riches d'un brusque dépouillement serait supérieure à la somme du bonheur éprouvé par les pauvres, ceux-ci étant infiniment plus nombreux que les riches, ce qui rendrait l'accroissement de la richesse individuelle peu considérable. Mais Bentham indique certaines mesures qui lui paraissent convenables, telles que la suppression du droit d'héritage. La sûreté a son principe dans l'*attente* des biens et des maux, c'est-à-dire la prévision systématique et rationnelle de ceux-ci, sentiment naturel à l'homme; il est, selon Bentham, essentiel au bonheur de la société que cette prévision repose sur des bases solides et ne soit jamais trompée, et c'est à quoi doit tendre l'effort du législateur. A l'attente se ramène l'idée de la propriété : être propriétaire, c'est être intimement persuadé qu'on peut retirer certains avantages de sa chose. La propriété est légitime, puisqu'elle est une source de bonheur, et que sa suppression serait une source de maux, au nombre de quatre, suivant notre philosophe : le mal de la non possession, la peine de perdre, la crainte de perdre, l'amortissement de l'industrie. Mais la propriété n'est-elle pas nuisible à ceux qui n'ont rien ? Cette objection n'est pas recevable contre une institution sociale, car la misère est l'état primitif de l'humanité, l'œuvre de la nature, et non des lois.

Les droits et obligations d'ordre civil se ramènent facilement à l'idée d'utilité : les pactes évidemment sont conclus dans l'intérêt réciproque des deux parties ; cet intérêt par hasard se trouve-t-il absent, il y a erreur, et la convention doit être annulée. L'utilité se trouvant à la base de la théorie des contrats, c'est sur elle également que s'appuie le droit de la famille, puisque le mariage, origine et fondement des rapports familiaux, n'est autre chose qu'un contrat.

Ainsi la législation civile s'explique selon Bentham, par la théorie eudémoniste. Il n'en va pas autrement de la législation pénale. Mais quelle est la différence à faire entre les deux.

Le droit civil et le droit pénal sont, dans la théorie Benthamiste, en étroite connexion (1). La loi civile se borne à établir un droit ou à édicter une interdiction : par exemple elle interdit d'attenter à la vie de ses concitoyens. La loi pénale ordonne de punir de telle ou telle façon celui qui a violé ces prescriptions positives ou négatives de la loi civile. En somme, le Code pénal pourrait à la rigueur suffire à lui seul. S'il énonce une peine contre le meurtre, implicitement

---

(1) Nous retrouverons la même conception soutenue avec beaucoup d'insistance par l'Ecole Italienne. Parmi les classiques, le jurisconsulte allemand Binding se prononce également pour cette assimilation : selon lui, les règles ou « *Normen* », sanctionnées par la loi pénale ne résultent pas uniquement de cette loi, mais peuvent se trouver contenues dans d'autres actes législatifs, ou même émanant du pouvoir exécutif.

V. Binding. *Die Normen und ihre Uebertretung.* Leipzig. 1890.

il contient une interdiction du meurtre : mais une semblable
concision pourrait dans bien des cas amener quelque obscurité. La loi civile a pour mission de venir en aide à la loi
pénale, dont elle constitue pour ainsi dire le développement
et l'explication. Le droit pénal est donc plus simple, plus
élémentaire que le droit civil ; mais ces deux parties de la
législation concourent au même but, se complètent l'une par
l'autre ; il n'est donc point surprenant qu'on doive les fonder sur le même principe.

SECTION III

La législation pénale selon Bentham.

§ 1. — Conception du délit.

Le droit pénal est cette partie de la législation qui a pour
objet l'étude des délits et de leurs remèdes, en appelant délit « tout acte que l'on croit devoir être prohibé à raison de
quelque mal qu'il fait naître ou tend à faire naître (1). »
Les délits se divisent en :

1° Délits *privés* (ceux qui nuisent à des individus autres
que le délinquant) ;

2° Délits *réflectifs* (ceux qui nuisent au délinquant lui-
même) ;

3° Délits *semi-publics* (ceux qui nuisent à une « portion
de la communauté », par exemple à une corporation, à une
secte religieuse, etc.) ;

(1) Bentham. *Tr. de lég. civ. et pén.*, t II, p. 2.

4° Délits *publics* (ceux qui nuisent soit à tous les membres de l'État, soit « à un nombre indéfini d'individus non assignables). »

L'essence du délit est donc de nuire, de produire le mal; mais ce mal lui-même n'est pas une notion simple. Continuant ses analyses et ses classifications, Bentham en distingue trois espèces :

1° Le mal du *premier ordre* est le mal direct, celui qui tombe immédiatement, soit sur des « individus assignables » (c'est-à-dire sur des personnes individuellement déterminées), soit sur les communautés qui peuvent être, comme on vient de le voir, victimes des délits. C'est par exemple le mal éprouvé par la personne volée.

2° Le mal du *second ordre* « prend sa source dans le premier, et se répand sur la communauté tout entière ou sur un nombre indéfini d'individus non assignables » (1). Ce mal du second ordre se divise lui-même en deux branches, l'*alarme* et le *danger*. « L'alarme est l'appréhension de souffrir le même mal dont on vient de voir un exemple. Le danger est la chance que le mal primitif ne produise des maux du même genre » (2). Le danger du délit consiste surtout à suggérer à d'autres individus l'idée d'en commettre un semblable, ou à augmenter la force de la tentation chez ceux qui en ont eu déjà la pensée.

3° Le mal du *troisième ordre* comprend les conséquences éloignées de l'acte délictuel. « Quand l'alarme arrive à un certain point, quand elle dure longtemps, son effet ne se

(1) Bentham. *Tr. de lég. civ. et pén.*, t. I, p. 76.
(2) Bentham. *Tr. de lég. civ. et pén.*, t. I, p. 77.

borne pas aux facultés passives de l'homme : il passe jusqu'à ses facultés actives, il les amortit, il les jette dans un état d'abattement et de torpeur. Ainsi, quand les vexations, les déprédations, sont devenues habituelles, le laboureur découragé ne travaille plus que pour ne pas mourir de faim ; il cherche dans la paresse la seule consolation de ses maux : l'industrie tombe avec l'espérance, et les ronces s'emparent des terrains les plus fertiles » (1).

D'ailleurs, parallèlement à ces catégories du mal, produit par les actes antisociaux, les actes favorables à la société sont la source d'un certain nombre de biens, le bien du premier ordre, dont profite directement la personne visée par l'action, le bien du second ordre, « qui produit un certain degré de confiance et de sûreté », et le bien du troisième ordre, qui « se manifeste dans cette énergie, cette gaîté de cœur, cette ardeur d'agir qu'inspirent les motifs rémunératoires. L'homme, animé par ce sentiment de joie, trouve en lui-même des forces qu'il ne se connaissait pas (2) ».

Pour savoir s'il convient d'ériger tel ou tel acte en délit il s'agit donc de mesurer les diverses sortes de maux qui en résultent et de les comparer impartialement avec les biens ou plaisirs qui peuvent également en résulter, sans tenir compte d'aucune idée préconçue de justice ou de morale. « Ai-je à examiner un acte attentatoire à la sûreté d'un individu ? Je compare tout le plaisir, ou, en d'autres termes, tout le profit qui revient de cet acte à son auteur, avec tout le mal ou toute la perte qui en résulte pour la partie lésée.

(1) Bentham. *Tr. de lég. civ. et pén.*, t. I, p. 81.
(2) Bentham *ib.* p. 82.

Je vois d'abord que le mal du premier ordre surpasse le bien du premier ordre. Mais je ne m'arrête pas là. Cette action entraine pour la société du danger et de l'alarme. Ce mal, qui n'était d'abord que pour un seul, se répand sur tous en forme de crainte. Le plaisir résultant de l'action n'est toujours que pour un, la peine est pour mille, dix mille, pour tous. La disproportion, déjà prodigieuse, me parait infinie, si je passe au mal du troisième ordre, en considérant que si l'acte en question n'était pas réprimé, il en résulterait encore un découragement universel et durable, une cessation de travail, et enfin la dissolution de la société (1) ». Dans ce calcul, nous le savons, doit intervenir cette considération que le délit sera sanctionné par une peine, et que cette peine sera par elle-même un mal; si les moyens nécessaires pour faire exécuter la loi devaient être de nature à répandre dans la société une alarme plus forte que celle résultant du fait à réprimer, il faudrait abandonner toute idée de prohibition juridique : la défense resterait dans le domaine de la morale pure (2).

Pour qu'il y ait vraiment délit, c'est-à-dire fait producteur

(1) Bentham. *Tr. de lég. civ. et pén.*, p. 86.

(2) M. Proal a donc tort de dire dans son livre sur « *le Crime et la Peine* » que, selon l'école utilitaire, doit être considéré comme injuste ce qui est prohibé par la loi, et que l'injustice n'est autre que la « violation de la légalité ». Cette opinion, que M. Proal attribue à Bentham et à Stuart Mill, est nettement rejetée par ce dernier philosophe dans sa célèbre discussion sur la justice et l'utilité, où il soutient expressément qu'il y a des lois injustes. Donc à son avis la justice préexiste à la loi. D'ailleurs sa fine analyse ne ramène nullement l'idée de justice à celle de légalité, mais à celle d'utilité, ce qui n'est pas la même chose. V. Proal : « *Le crime et la peine* » Paris 1892 p. 462 et Stuart Mill. *L'utilitarisme* » Ch. V.

d'alarme et de danger, il faut que l'acte ait été commis avec *mauvaise foi*. C'est là un élément indispensable. « Celui qui a fait le mal avec *intention* et *connaissance*, se peint à l'esprit comme un homme méchant et dangereux. Celui qui l'a fait sans intention ou sans connaissance ne se présente comme un homme à craindre qu'à raison de son inadvertance ou de son ignorance (1). » Du reste la mauvaise foi est susceptible d'une infinité de degrés, depuis la connaissance parfaite et la volition complète de l'acte accompli jusqu'au crime prévu, mais non voulu (2), ou même commis simplement avec une coupable imprudence. Il y a donc grandement lieu de s'occuper des motifs dans l'appréciation d'un crime, car la nature du motif influe directement sur le danger : par exemple le mobile du vol dans un assassinat peut faire craindre le renouvellement d'actes semblables tandis que le mobile de vengeance est beaucoup moins inquiétant, étant très particulier et peu susceptible d'amener une récidive (3). Le motif ne peut pas être apprécié objec-

---

(1) Bentham. *Traités de lég. civ. et pén.* T. II, p. 18. Cette phrase ne contient-elle pas en germe la théorie que nous allons voir se développer en étudiant l'Ecole Italienne, à savoir que le criminel doit être poursuivi à raison du danger qu'il présente ? Sous les termes de Bentham, qui nous parle d'« homme méchant et dangereux »,d'« homme à craindre »,ne pourrait-on pas retrouver le fameux criterium de la « *temebilità ?* ».

(2) Bentham (T. II, p. 20), nous cite des exemples qui se rapportent exactement au cas désigné dans la science pénale actuelle sous le nom de « *dol éventuel.* »

(3) Nous pouvons ici continuer notre comparaison : la nature du motif sera également regardée comme très importante par M. Ferri ; elle constitue pour lui un indispensable criterium, qui joue à peu près le même rôle que nous lui reconnaissons dans la théorie benthamiste. Comme Bentham, il classe les motifs selon leur degré de sociabilité. *V. Infrà*, p. 150.

tivement. Il n'y a pas de motifs bons ou mauvais par eux-mêmes ; leur moralité dépend en grande partie des conditions subjectives de l'agent. « Un indigent vole un pain, un autre individu en achète un, un troisième travaille pour le gagner ; le motif qui les fait agir est exactement le même, le besoin physique de la faim. » Cependant on pourrait les classer, non pas rigoureusement, mais par à peu près, « selon la tendance qu'ils paraissent avoir à unir ou désunir les ntérêts d'un individu d'avec les intérêts de ses semblables »: on distinguerait ainsi le motif *purement social* (bienveillance) des motifs *demi-sociaux* (amour de la réputation, désir de l'amitié, religion), *antisociaux* (antipathie et toutes ses branches) et *personnels* (plaisir des sens, amour du pouvoir, intérêt pécuniaire, désir de sa propre conservation).

Ainsi donc, pour juger une action, il faut examiner tout d'abord ses effets, puis dans certains cas remonter au motif « en observant son influence sur la grandeur de l'alarme, sans s'arrêter à la qualité bonne ou mauvaise que son nom vulgaire semble lui attribuer (1) ». Lorsqu'on a constaté et apprécié le tout, et bien entendu un semblable examen demande la plus grande circonspection, alors seulement on a une connaissance précise de l'action en tant que délit. Mais pour se rendre un compte exact de ses conséquences contraires au bonheur social, il faut surtout ne pas négliger certaines considérations qui paraissent au premier abord un peu accessoires : l'alarme sera plus ou moins grande selon que le délit sera plus ou moins facile à empêcher, que la

____

(1) Bentham. *Tr. de lég. civ. et pén.* T. II, p. 25.

nature de l'action donnera au délinquant des chances plus ou moins grandes de se cacher et de rester inconnu (ainsi le vol inspirera plus d'alarme que les injures, dont l'auteur est nécessairement connu). Sous se rapport il faut tenir grand compte du caractère du délinquant; ce caractère peut s'induire des détails de sa conduite dans le délit même : ainsi un mauvais naturel apparaîtra si la partie lésée était naturellement faible et sans défense (*faiblesse opprimée*), ou si le criminel a précisément choisi pour victime une personne déjà malheureuse et inspirant la pitié (*détresse aggravée*), si les motifs du crime ont été relativement légers et frivoles (*cruauté gratuite*), si un temps assez long s'est écoulé entre le projet et son accomplissement (*préméditation*). Enfin la *fausseté* et la *violation de confiance* sont des indices très significatifs de perversité (1). Toutefois la considération du caractère du criminel ne fournira pas que des circonstances aggravantes; on y reconnaîtra aussi des causes d'atténuation : tel sera le cas lorsque la faute sera exempte de mauvaise foi, ou qu'il y aura eu provocation par la victime, ou que le délinquant aura voulu défendre une personne qui lui est chère, ou lorsqu'il aura obéi à des menaces. Un cas particulier est celui de l'ivresse : « Il faut bien examiner si

(1) On est tenté de comparer cette théorie sur le caractère du délinquant avec la théorie de M. Garofalo sur le délit naturel. Les sentiments cruels et la fausseté, que Bentham indique comme circonstances aggravantes des crimes ne se rapprochent-elles pas de la violation des sentiments de pitié et de probité dont M. Garofalo fera la base même de toute criminalité ? Enfin, d'une façon plus générale, nous pouvons renouveler la remarque déjà faite plus haut : l'étude du caractère, recommandée par Bentham, rappelle l'étude de la perversité ou témibilité, à laquelle l'école italienne attache une importance si capitale. V. *infra*, p. 154.

l'intention de commettre le délit n'existait point auparavant, si l'ivresse n'a pas été simulée, si elle n'a pas eu pour objet de s'enhardir à l'exécution du crime. La récidive devrait peut-être anéantir l'excuse qu'on pourrait tirer de ce moyen. Celui qui sait par expérience que le vin le rend dangereux ne mérite point d'indulgence pour les excès où il peut l'entraîner (1) ».

Il existe enfin un certain nombre de circonstances qui justifient entièrement l'action; tantôt elles suppriment le mal qui aurait pu en résulter, tantôt elles compensent ce mal par un bien équivalent; il ne s'agit d'ailleurs que du mal du premier ordre, le mal du second ordre étant nul dans ces divers cas. Le délit se trouvera justifié lorsque le délinquant aura agi avec le consentement de la victime, lorsqu'il n'aura eu pour but que d'éviter un mal plus grand (il faudra alors trois conditions, la certitude du mal qu'on veut écarter, le manque absolu de tout autre moyen moins extrême, l'efficacité certaine de celui qui a été employé) par exemple en cas d'opération chirurgicale urgente, ou en cas de légitime défense. Il y aura enfin justification lorsque l'agent n'aura fait qu'user des droits à lui confiés par la puissance politique ou domestique (on peut citer comme exemple le droit de correction des parents sur leurs enfants).

§ 2. — Les remèdes contre le mal des délits (2).

Le mal social produit par les délits peut être combattu de diverses façons, et les remèdes susceptibles de lui être

(1) Bentham. *Tr. de lég. civ. et pén.* T. II, p. 41.
(2) Si Bentham doit être regardé comme un des inspirateurs de

opposés peuvent selon Bentham être classés en quatre catégories :

1° *Remèdes préventifs.* — Ce sont les moyens qui tendent
par avance à empêcher les délits. Il en existe deux sortes :
les moyens directs, qui s'appliquent immédiatement à tel ou
tel délit particulier ; « les moyens indirects, qui consistent en
précautions générales contre une espèce entière de délits ».

2° *Remèdes suppressifs.* — « Ce sont les moyens qui tendent à faire cesser un délit commencé, un délit existant,
mais non consommé, et par conséquent à prévenir le mal,
du moins en partie. »

l'école classique de droit pénal, il faut avouer que ses disciples ne
lui ont pas été absolument fidèles. Sa conception du délit comme
mal social, auquel il est nécessaire d'appliquer des *remèdes* de
diverses natures, se rapproche beaucoup plus des nouvelles doctrines positivistes que des doctrines classiques ou néo-classiques,
selon lesquelles le principal instrument de combat (si même on ne
le considère pas comme le seul) est l'emploi de la pénalité répressive. D'ailleurs on pourrait citer des passages caractéristiques pour
montrer l'étrange communauté de vues scientifiques qui existe
entre Bentham et les partisans des théories nouvelles : la comparaison entre la méthode des sciences naturelles et celle du droit
est faite par lui comme par MM. Ferri et Garofalo. « Ce n'est pas,
dit-il, dans les livres de droit que j'ai trouvé des moyens d'invention et des modèles de méthode : c'est plutôt dans les ouvrages
de métaphysique, de physique, d'histoire naturelle, de médecine.
J'étais frappé, en lisant quelques traités modernes de cette science,
de la classification des maux et des remèdes. Ne pouvait-on pas
transporter le même ordre dans la législation ? Le corps politique
ne pouvait-il pas avoir son anatomie, sa physiologie, sa nosologie,
sa matière médicale ? Ce que j'ai trouvé dans les Tribonien, les
Coccejï, les Blackstone, les Pothier, les Domat est bien peu de
chose : Hume, Helvétius, Linnée, Bergman, Cullen, m'ont été bien
plus utiles ».
Traités de legisl. Préface de Dumont de Genève, 2ᵉ éd. 1820, p. XX.

3° *Remèdes satisfactoires.* — Bentham désigne par cette expression la réparation accordée à la victime du délit.

4° *Remèdes pénaux.* — Ils ont pour but de prévenir de nouveaux délits, soit de la part du même auteur, soit de tout autre. Les peines ont deux effets : elles opèrent par intimidation et par mise hors d'état de nuire. Toutes présentent le premier caractère ; mais le second en est parfois absent.

I

La prévention directe des délits peut être le fait soit de tous les citoyens, soit de certains fonctionnaires seulement. « Les pouvoirs donnés à tous les citoyens pour leur protection sont ceux qui s'exercent avant que la justice intervienne et qu'on peut appeler pour cette raison moyens *antejudiciaires.* Tel est le droit d'opposer la force ouverte à l'exécution d'un délit appréhendé, de se saisir de l'homme suspect, de le tenir en garde, de le traîner en justice, d'appeler main-forte, de séquestrer en mains responsables un objet qu'on croit volé, etc (1) ». Ces services des citoyens sont fort efficaces et importants. Il est donc bon de les rendre obligatoires : on objecterait en vain que l'abus en serait facile, et pourrait conduire à de nombreuses violations de la liberté individuelle, car bien entendu tout acte de cette nature est soumis plus tard au contrôle judiciaire et ceux qui auraient abusé de semblables facultés seraient contraints à réparation. Les principaux pouvoirs à reconnaître, non plus à tous

____

(1) *T. de lég. et pén.* T. II p. 58.

les citoyens, mais aux magistrats pour prévenir directement les délits seraient les suivants : *l'admonestement*, simple avertissement donné par le magistrat, la *commination*, avertissement avec menaces, le *bannissement de certains lieux*, moyen précieux pour les cas d'offenses personnelles, menées séditieuses, etc., le *cautionnement*, pour mieux assurer l'effet des autres mesures, en particulier de celle qui précède, l'*établissement de gardes*, pour la protection des personnes ou des choses menacées, la *saisie* d'armes ou instruments destinés au délit.

Ces diverses mesures ont une valeur générale et sont susceptibles d'empêcher l'exécution de presque tous les actes délictueux. Mais certains délits spéciaux trouvent un obstacle plus efficace dans l'emploi d'autres moyens, la plupart du temps d'ailleurs assez simp'es, et inspirés par les circonstances mêmes. Ainsi, contre la diffamation, il est évident qu'il n'y a rien de mieux que de saisir les écrits diffamatoires avant leur publication. Contre la falsification de denrées alimentaires, les visites domiciliaires suivies de saisie des marchandises adultérées sont indiquées par la nature des choses. Le rôle du législateur en pareille matière se bornera à donner aux juges et aux officiers publics une ligne de conduite, et des règles générales destinées à empêcher l'abus et l'arbitraire ; par exemple il posera en principe que les moyens les plus rigoureux devront être employés avec plus de circonspection, qu'au contraire la gravité du danger à craindre autorise une discrétion moindre dans la prévention, et surtout qu'on ne doit jamais user d'un moyen préventif qui serait de nature à faire plus de mal que le délit lui-même. Mais, en dehors de ces règles générales, il devra leur laisser une certaine latitude et leur permettre de s'inspirer des circonstances (1).

II

Les moyens suppressifs, qui forment la seconde catégorie de Bentham, ne sont pas sans un étroit rapport avec ceux qui constituent la classe précédente. Alors que ces derniers visent un délit qui est encore à l'état de projet, les mesures de suppression s'appliquent lorsque le fait a reçu un commencement d'exécution, ce qui suppose qu'il s'agit d'un acte ayant une durée assez longue. Les moyens suppressifs ne trouvent donc leur emploi que contre certaines formes spéciales de la criminalité, contre ce que Bentham appelle des *délits chroniques*. Et le mode de cet emploi différera suivant les diverses circonstances qui donnent à ces délits leur continuité ; un délit acquiert de la durée par la simple continuation de l'acte délictuel (*ex actu continuo ;* par exemple le recel de personnes ou de choses), par son caractère négatif (*ex actu negativo :* par exemple le fait de ne pas comparaître en justice), ou encore parce qu'il comprend plusieurs actes dont les uns servent d'occasion aux autres (*ex occasione :*

(1) Nous rapprochons ces idées de Bentham sur les moyens préventifs à appliquer au crime de la théorie des *substitutifs pénaux*, qui est celle de M. Ferri. Pour Bentham comme pour M Ferri, il faut d'abord empêcher, et ne punir qu'ensuite ; la peine n'est qu'un moyen secondaire et l'un et l'autre sont préoccupés d'en restreindre le rôle le plus possible. Les deux doctrines sur ce point nous semblent bien répondre à l'idée de politique criminelle, de manœuvres habilement conduites contre les diverses manifestations de la criminalité.

tel est le cas du voleur qui s'introduit dans une maison et surpris par les habitants commet un meurtre pour assurer sa fuite), etc. Les moyens suppressifs sont presque toujours les mêmes que les moyens préventifs; la seule différence se trouvera dans le moment de l'application. Parfois ils sont encore plus faciles à appliquer que les précédents : ainsi la séquestration de personne requerra évidemment l'élargissement, la non comparution volontaire d'un témoin en justice, sa comparution forcée, etc. Toutefois certains délits continus offrent des difficultés : en cas d'attroupements séditieux par exemple il faut user de tact et de ménagements dans les sommations qui précèdent l'emploi de la force armée. Pour les moyens suppressifs le législateur devra laisser aux magistrats plus de liberté d'action que dans la simple prévention, car, puisqu'il y a déjà fait commis, l'abus d'autorité est évidemment moins à craindre.

III

Les remèdes satisfactoires se présentent sous un double aspect: la satisfaction pour l'avenir, qui consiste à faire cesser le mal du délit; ainsi, en cas de vol d'une somme d'argent, sa restitution au véritable propriétaire constituera la satisfaction pour l'avenir, et il lui sera remis une indemnité à titre de dédommagement pour la privation temporaire de son bien. La satisfaction fait évidemment cesser le mal du premier ordre, en rétablissant les choses en l'état. Mais elle remédie encore au mal du second ordre, que la peine seule ne suffirait pas à combattre, puisque cette dernière mesure diminue seulement le nombre des délinquants, sans les supprimer. « Les exemples de délits commis, plus ou moins publics, excitent plus ou moins d'appréhension. Chaque observateur y voit une chance de souffrir à son tour. Veut-on faire évanouir ce sentiment de crainte, il faut que le délit soit aussi constamment suivi de la satisfaction que de la peine. S'il était suivi de la peine sans satisfaction, autant de preuves que la peine est inefficace, par conséquent autant d'alarme qui pèse sur la société (1).

Cette question des remèdes satisfactoires semble trop importante à Bentham pour qu'il manque d'en poser les principales règles, ce qu'il fait avec son habituel esprit de minutie et d'exactitude. Pour que la satisfaction soit complète, il faut d'abord *s'attacher à suivre le mal du délit dans toutes ses parties, dans toutes ses conséquences;* s'agit-il par exemple d'injures corporelles irréparables, il faut considérer deux choses : un moyen de jouissance, un moyen de subsistance ôtés pour toujours. Comme on ne saurait trouver une compensation de même nature, on devra exiger des prestations périodiques, une rente. La seconde règle consiste, en cas de

(1) *Th. de lég. c. et p.* T. II, p. 73. L'importance attribuée par Bentham à la réparation du dommage et surtout le caractère d'intérêt public qu'il lui donne est encore un trait commun entre l'école positive et lui. L'ordre public intéressé au dédommagement de la victime sera un des deux principes sur lesquels les criminalistes italiens fonderont les règles de la réaction sociale contre les criminels. On peut voir que dès le commencement du siècle la théorie avait été déjà formulée, et s'étonner à bon droit de n'en trouver nulle trace dans les législations diverses, et principalement dans nos Codes, où cette question du dédommagement en matière pénale, est traitée d'une façon que certains auteurs n'hésitent pas à traiter de ridicule.

doute, à *faire pencher la balance plutôt en faveur de celui qui a souffert l'injure qu'en faveur de celui qui l'a faite* (1). Car la satisfaction doit plutôt être surabondante que défectueuse : l'excès servira toujours à prévenir des délits semblables en qualité de peine, et ainsi l'inconvénient ne sera pas grand tandis que toute défectuosité laisserait subsister un certain degré d'alarme, mal qu'on ne saurait trop combattre. Il faut veiller surtout à la certitude de la satisfaction ; cette certitude est un élément essentiel de la sûreté. Par conséquent *l'obligation de satisfaire ne s'éteindra point par la mort de la partie lésée, mais le droit à la satisfaction passera à ses héritiers* ; cette règle est principalement rendue nécessaire par les lenteurs de la justice: il ne faut pas que le délinquant ait intérêt soit à gagner du temps soit à hâter la mort de la partie lésée. D'autre part, *le droit de la partie lésée ne s'éteindra pas par la mort du délinquant, dont les héritiers demeureront obligés* ; car « l'attente de la partie lésée est une attente claire, précise, décidée, ferme à proportion de sa confiance dans la protection des lois. L'attente de l'héritier n'est qu'une espérance vague Qu'est-ce qui en forme l'objet ? Est-ce la succession entière ? Non, ce n'est que le produit net inconnu, après toutes les déductions légitimes. Ce que le défunt aurait pu dépenser en plaisirs, il l'a dépensé en injustices (2).

La satisfaction peut affecter diverses formes: elle sera le plus souvent pécuniaire, mais aura lieu parfois en nature.

(1) En ce cas particulier, notre philosophe retourne la fameuse maxime « *in dubio pro reo* », contre les abus de laquelle M. Ferri dans sa *Sociologie criminelle* s'élève avec véhémence.

(2) *T. de lég. civ. et p.* T. II, p. 81.

Elle pourra consister un une amende honorable (*satisfaction attestatoire*) en cas de diffamation ou de calomnie ; en une réparation spéciale en cas d'atteinte à l'honneur (*satisfaction honoraire*). Elle donnera enfin à la partie lésée le plaisir de la vengeance, quand le coupable est frappé d'une peine (*satisfaction vindicative*), et elle pourra parfois être fournie par une autre personne que le délinquant (*responsabilité civile, satisfaction substitutive*).

La satisfaction pécuniaire trouve évidemment son emploi principal lorsque le dommage causé a lui-même une nature pécuniaire. Les intérêts des sommes payées à titre de dédommagements devront être calculés à un taux plus élevé que le taux des prêts libres. Autrement l'auteur du dommage se serait ainsi procuré une sorte d'emprunt forcé. Bentham recommande même le calcul de l'intérêt composé par capitalisation à chaque échéance ; car le propriétaire lésé aurait pu se livrer lui-même à cette opération.

La satisfaction en nature est le mode le plus régulier, et on ne doit recourir aux autres procédés que dans les cas où elle est impossible.

La satisfaction attestatoire consistera par exemple en publications de jugement, en affiches, etc ; la satisfaction honoraire se résout généralement par le duel, dont l'usage provient de l'insuffisance des législations en matière de réparation d'honneur. Bentham recommanderait pour combattre cette funeste coutume l'institution de l'amende honorable sous diverses formes ; il convient d'infliger à l'insulteur une humiliation publique : car en cas d'atteintes à l'honneur, « c'est dans l'opinion qu'est le siège du mal, c'est dans l'opinion qu'il faut porter le remède (1); » — La satisfaction substitutive peut, à défaut de solvabilité des coupables ou responsables, être fournie par le trésor public (2). Cette obligation est en effet « fondée sur une raison qui a l'évidence d'un axiome : une charge pécuniaire, divisée sur la totalité des individus, n'est rien pour chacun d'eux, en comparaison de ce qu'elle serait pour un seul ou un petit nombre (3) ». On diminue donc ainsi la somme du mal. Enfin la satisfaction vindicative est procurée par toute espèce de peine infligée au coupable : là viennent se confondre les notions de peine et de réparation.

IV

Nous arrivons maintenant à l'étude des peines proprement dites.« Les peines sont des maux infligés selon des formes juridiques à des individus convaincus de quelque acte nuisible défendu par la loi, et dans le but de prévenir de semblables actes (4) ». Quant au droit d'infliger des maux de cette nature, il n'a besoin d'aucune autre justification que la constatation de sa nécessité, qui pour un utilitaire constitue une raison suffisante.

Le but des peines est double : il vise à la fois la prévention générale et la prévention spéciale, c'est-à-dire tend

(1) *T. de lég. civ. et p.* T. II.

(2) Opinion bien en opposition avec les principes de notre législation actuelle, et dont se rapprochent comme nous le verrons, MM. Ferri et Garofalo lorsqu'ils demandent à cet effet la création d'une caisse publique spéciale. V. *infra* p. 151.

(3) *Tr. de lég. civ. et pén.* T. II p. 132.

(4) *Théorie des Peines et Récompenses*, 2ᵉ éd. 1818. t. I, p. 8.

à empêcher de nouveaux crimes, soit du fait du délinquant
lui-même, soit du fait d'autres individus. Mais l'idée de but
constitue une limite en même temps qu'elle fournit un point
de départ : il s'agit de se borner au strict nécessaire pour
l'atteindre ; car on ne doit pas oublier que la peine en elle-
même est un mal ; c'est, ainsi que le dit Bentham, « une
dépense que fait l'État en vue d'un profit (1)».Plus la dépense
sera faible, plus le profit total sera considérable (2). Pour
estimer cette dépense, le philosophe anglais propose une
ingénieuse distinction, celle de la valeur *apparente* et de
la valeur *réelle* des peines. « J'entends par valeur réelle le
mal entier de la peine, tout celui qui serait éprouvé si elle
était infligée. J'entends par valeur apparente le mal probable
qui se présenterait à l'imagination du commun des hommes
d'après la simple description de la peine, ou la vue de son
exécution (3) ». La valeur réelle d'une peine constitue la
dépense ; c'est au contraire sur la valeur apparente que se
mesure l'intimidation, c'est-à-dire le profit ; donc, plus une
peine aura de valeur apparente et moins elle aura de valeur
réelle, moins elle sera « *dispendieuse* » et mieux elle vau-
dra. Il faut, par conséquent, rechercher surtout l'apparence.
« Si pendre un homme en effigie pouvait produire la même
impression de terreur, ce serait folie ou cruauté de le pendre
en personne (4). » Il faut donner tant à la menace pénale

(1) *Th. des Peines et Récompenses*, p. 18.
(2) C'est donc à tort que les détracteurs de l'utilitarisme voient
en lui un principe de rigueur sans frein : il pose au contraire des
limites précises à la pénalité et ne sacrifie aucunement, comme on
l'a prétendu, la liberté individuelle.
(3) *Th. des P. et R.* T. I p. 19.
(4) Id. Ibid. T. I, p. 21.

qu'à son exécution la plus large publicité, en faire pénétrer dans les masses l'idée la plus effrayante et la plus complète possible. Nul ne doit être laissé dans l'ignorance de la loi. D'où ces trois maximes : 1° Une peine facile à concevoir est préférable à celle qui l'est moins ; 2° Celle qui se grave le mieux dans la mémoire est préférable à celle qui serait plus sujette à être oubliée ; 3° Celle qui est aussi grande ou plus grande en apparence qu'en réalité, vaut mieux que celle qui serait plus grande en réalité qu'en apparence.

Ces observations faites, comment mesurer la peine qui convient à tel ou tel délit? Il suffira de se conformer aux règles suivantes : 1° Il faut que le mal de la peine (mal d'apparence autant que possible) surpasse le profit du délit : « la peine doit se faire craindre plus que le délit ne se fait désirer. Une peine inefficace est doublement un mal : un mal pour le public, puisqu'elle laisse commettre le délit ; un mal pour le délinquant, puisqu'on le punit en pure perte » (1). 2° Quand il s'agit de délits habituels, la peine doit excéder le profit de tous les actes commis probablement par le même délinquant ; tel est le cas de faux-monnayage : il faut annuler tout le gain possible du faux-monnayeur. 3° La peine doit être d'autant plus forte qu'elle aura moins de certitude et de proximité ; si elle se bornait à annihiler le profit du délit, et qu'en même temps elle fût incertaine, le calcul des probabilités strictement entendu serait à l'avantage du délinquant : car le profit est certain. 4° De deux délits en concurrence, le plus nuisible doit être soumis à la peine la plus forte, afin d'engager le délinquant à s'arrêter au moindre.

(1) *Th. des Peines et Récompenses*, t. 1, p. 27.

5° Plus un délit est nuisible, plus la peine doit être forte, pour la même raison ; nous avons déjà vu comment s'appréciait la grandeur des délits. 6° La même peine ne doit pas être infligée pour le même délit à tous les délinquants : voilà une théorie bien proche des théories modernes d'individualisation de la peine. « Il faut toujours laisser une certaine latitude au juge » (1). Il tiendra compte de l'âge, du rang, de la situation sociale, etc. La loi doit se contenter d'être claire, de poser des règles générales; elle fuira une minutie qui serait une cause d'inutile complication.

Appréciée en elle-même, la peine devra posséder différentes qualités ; elle devra être *divisible*, c'est-à-dire susceptible de plus ou de moins, soit en intensité, soit en durée, de manière à pouvoir être adaptée suivant la gravité relative des délits,—*certaine* et *égale à elle-même*, c'est-à-dire infligeant un mal véritable (et autant que possible semblable) à tous ceux qui la subissent, sauf bien entendu les différences de sensibilité, de condition sociale, qui introduisent forcément des inégalités,— *simple, analogue au délit*, pour se graver plus facilement dans la mémoire,—*exemplaire* ou intimidante, qualité qui se rapporte à la théorie de la valeur apparente et réelle, étudiée plus haut ; à cet égard, le grave et lugubre appareil des exécutions est à approuver,—*économique*, c'est-à-dire n'ayant que le degré de sévérité nécessaire, sans produire de maux inutiles, — *rémissible*, c'est-à-dire susceptible d'être réparée en cas d'erreur; —enfin elle doit *ôter le pouvoir de nuire, fournir, si possible, un dédommagement à la victime* (2), et *tendre à l'amendement du coupable*.—Les pei-

(1) *Th. des Peines et Récompenses*, t. I, p. 31.
(2) Nous allons voir ces deux derniers caractères prendre une

nes doivent en outre être *populaires*, en ce sens que le législateur évitera en les établissant de choquer les idées établies, au moins de les choquer trop violemment, ce qui porterait les gens à ne point respecter ni surtout faire respecter une loi qu'ils désapprouveraient.

Un si grand nombre de qualités ne peuvent évidemment se trouver réunies dans une seule et unique espèce de peine ; selon que tel ou tel cas requerra d'une façon plus pressante certains de ces caractères, il faudra appliquer des mesures de nature différente et appropriées aux circonstances. La variété des délits doit avoir pour conséquence la variété des peines (1).

De ces mesures diverses on peut faire deux grandes catégories, les peines *corporelles* et les peines *privatives*, les unes visant la personnalité physique du délinquant, les autres sa personnalité morale ou simplement ses biens. Bentham fait rentrer dans la première catégorie :

1° Les peines *afflictives*. — Ces peines ont pour but d'infliger au coupable une douleur physique. Quand elles sont *simples*, c'est-à-dire quand elles se bornent à infliger une douleur immédiate et temporaire, comme la flagellation, elles peuvent être employées avec profit, offrant des avantages de divisibilité, d'exemplarité, de certitude. Elles demanderont d'ailleurs à être appliquées avec discernement, et le juge

importance capitale dans les théories de l'École Italienne, et primer tous les autres, dont plusieurs du reste ne peuvent s'accorder avec les conceptions nouvelles sur la nature et l'étiologie du crime.

(1) Même théorie chez les criminalistes Italiens, qui combattent avec énergie les idées actuellement émises sur l'unification de la pénalité.

tiendra compte de l'âge, du sexe, des différences de sensibilité, de la condition sociale, etc. Au contraire, il faut rejeter entièrement les peines afflictives *complexes*, produisant
des effets permanents et éloignés (mutilations, brûlures, mar-
ques, etc.), car il est trop difficile de prévoir tout le mal
qu'elles sont susceptibles de causer; on ne peut en mesurer
exactement les effets, et par conséquent elles ont le grave
défaut d'être inégales. De plus, par l'infamie ineffaçable
qu'elles impriment au condamné, elles rendent impossible
son amendement futur.

2° Les peines *capitales*, — c'est-à-dire la peine de mort sous
ses deux modes, soit simple, soit accompagnée de supplices.
Par sa grande importance, cette peine mérite en législation un examen particulier; quels sont ses avantages, quels
sont ses inconvénients, au point de vue de la méthode benthamiste d'appréciation ?

Ses avantages sont nombreux : pour ôter le pouvoir de
nuire, aucune autre peine évidemment ne peut être mise
en balance avec elle; — elle ne choque pas le sentiment
populaire, et même le satisfait pleinement lorsqu'elle s'applique aux homicides; — elle offre une certaine exemplarité: Bentham combat sur ce point l'opinion de Beccaria :
l'horreur de la mort est réelle chez la plupart des hommes (1),
et aucune autre peine ne produit sur eux une aussi vive
impression; — la valeur apparente est donc très grande dans

(1) Bentham semble faire une différence entre les hommes ordinaires et les malfaiteurs : comme les criminalistes actuels il aperçoit que le criminel peut bien offrir certaines particularités au
point de vue intellectuel et moral. V. *Théorie des Peines et des Récompenses*. T. I, p. 307.

la peine de mort, et d'autre part la souffrance réelle n'est peut-être pas aussi grande qu'on pourrait le croire, d'abord parce qu'elle est très courte, et que d'ailleurs la privation d'une existence désormais vouée à la honte et au mépris public n'est pas un mal très considérable (1).

Mais ses inconvénients, qui résultent de ce qu'elle constitue une perte sèche pour la société, non convertible en profit et par conséquent dispendieuse (perte du travail du condamné) de ce qu'elle offre une certaine inégalité, l'horreur de la mort étant loin d'être la même chez les différents individus, enfin de ce qu'elle est irrémissible, ce qui rend les erreurs judiciaires irréparables, semblent à Bentham d'une manière générale l'emporter sur les avantages qu'il lui reconnaît. Il conclut qu'il faut, sinon l'abolir, du moins en faire un emploi très restreint, la réserver pour les crimes particulièrement atroces, afin de donner une satisfaction à l'opinion publique, « et dans ce cas, il ne faudrait pas craindre de donner à la peine capitale l'appareil le plus tragique, autant qu'on le peut, sans avoir recours à des tourments compliqués ».

3° Les peines *restrictives*. — Cette classe comprend uniquement le *confinement territorial*, qui s'exécute lui-même sous cinq modes : l'emprisonnement, le quasi-emprisonnement, la relégation, l'interdiction locale et le bannissement.

A. — *Emprisonnement*. — Il faut distinguer le simple emprisonnement de garde, ou emprisonnement préventif, de l'emprisonnement afflictif, qui seul est une véritable pei-

---

(1) La même idée, très juste à notre avis, est également développée par M. Garofalo, qui s'en sert aussi comme d'un argument en faveur de la peine capitale.

ne. Le premier doit être très peu sévère ; il s'agit uniquement de s'assurer de la personne d'un inculpé et de l'empêcher de s'enfuir. Le second, au contraire, doit être assez rigoureux, surtout s'il s'agit d'emprisonnement *de contrainte*, que Bentham admet pour forcer un débiteur au paiement : car il lui paraît que plus le traitement sera pénible, plus aussi il sera court, le débiteur mettant plus de hâte à s'exécuter.

L'emprisonnement, s'il présente quelque défectuosité en ce qui concerne l'égalité, puisque la privation de liberté affecte d'une manière très diverse les individus suivant leur situation et leurs habitudes antérieures, a au contraire de très grands avantages au point de vue de l'exemplarité, de la simplicité, de la divisibilité et de la mise hors d'état de nuire. De plus, par une discipline appropriée, l'obscurité et la solitude savamment ménagées peuvent conduire le condamné à des réflexions salutaires et contribuer ainsi à son amendement.

Cette question des prisons et de leur régime fut, de la part de Bentham, l'objet d'une étude approfondie. De ses recherches résulta une conception bizarre, le projet d'un établissement pénitentiaire dont il avait lui-même dressé les plans et l'état descriptif, et auquel il avait donné le nom de « *Panoptique* », faisant allusion à la surveillance continue que des dispositions spéciales permettaient d'exercer sur les détenus. Les cellules des condamnés auraient été contenues dans un bâtiment circulaire avec cour centrale où se serait élevée la loge de l'inspecteur : celui-ci, par un dispositif que le philosophe anglais décrit longuement, aurait été constamment à même d'observer les pensionnaires de l'établissement et de communiquer avec eux sans être lui-même aperçu. Le public aurait été admis à certains jours dans la loge centrale. — Par ce système, Bentham prétendait d'abord éviter les abus et les mauvais traitements envers les prisonniers, au moyen du contrôle du public; d'ailleurs une combinaison administrative imposait à l'inspecteur ou directeur la charge d'assurer sur la vie ses pensionnaires, ce qui lui donnait intérêt à les ménager. De plus le spectacle des prisonniers était pour le public intimidant et exemplaire. La surveillance continue offrait les moyens de vérifier d'une façon précise la conduite des prisonniers : le travail étant la règle, on pouvait les empêcher de se livrer indûment à la paresse, soit par des punitions, soit par l'attribution rendue facile de justes récompenses. Elle permettait même d e les réunir par fois en groupes sans danger de corruption et de violences. Au sortir du Panoptique, le condamné devait passer dans d'autres établissements, où, par une liberté graduelle et un travail réglé, on le rendait comme par étapes à la vie sociale (1).

B. *Quasi emprisonnement.* — Bentham appelle ainsi le confinement d'un individu dans le district de sa résidence ordinaire. — C. *Relégation.* — C'est le confinement hors de la résidence ordinaire, mais sur des territoires appartenant à l'Etat.— D. *L'interdiction locale* et le *bannissement* ne méritent le nom de confinement que d'une manière en quelque sorte négative, le condamné se voyant défendre l'accès soit d'une portion du territoire, soit du territoire tout entier.

Ces diverses peines ont l'avantage d'être économiques, de

(1) Somme toute, le système de Bentham, avec son emprisonnement cellulaire et sa libération par degrés successifs, est à peu près celui qui est aujourd'hui connue sous le nom de système irlandais ou système de Crofton.

ne pas empêcher le condamné de travailler, tout en dispensant l'Etat de son entretien; le bannissement et la relégation peuvent même contribuer à son amendement en le soustrayant à ses mauvaises relations habituelles. Mais d'autres part ces peines sont inégales, elles ne sont divisibles qu'au point de vue de la durée, car au point de vue de la gravité il est bien difficile d'en mesurer toutes les conséquences; enfin elles sont peu exemplaires, parce que leur exécution manque d'apparence.

4° Les peines *simplement restrictives* consistent en défenses faites à un individu de jouir d'un droit qu'il possédait auparavant: par exemple on lui retirera sa patente s'il est commerçant, etc. Ces peines sont très inégales et difficiles à exécuter, à cause de la surveillance qu'elles nécessitent.

5° Les peines *actives* ou *travaux forcés*. — Les travaux forcés, facilement convertibles en profit, ayant une égalité suffisante, sont en outre divisibles, exemplaires, et la criminalité ayant souvent pour cause la paresse, principalement lorsqu'il s'agit de délit de vagabondage, tendent à l'amendement des condamnés. Bentham se prononce pour leur exécution à l'intérieur, et non pour leur jonction à la déportation, qui leur fait perdre, faute d'apparence, la plus grande partie de leur exemplarité, et en outre les rend beaucoup plus dispendieux.

La seconde catégorie de Bentham, celle des peines privatives, comprend:

1° Les peines de la *sanction morale* ou de l'opinion publique. Evidemment il ne faut pas trop compter sur cette sanction, qui est incertaine et vague. Toutefois le législateur, par d'habiles manœuvres, peut essayer de la tourner au profit de ses vues.

2° Les peines *affectant l'honneur*. — Elles consisteront dans la publication du délit, l'admonition judiciaire, l'application des peines ordinaires par des moyens flétrissants et infamants, l'exécution par effigie, etc. Elles sont divisibles, exemplaires, rémissibles, mais elles offrent le danger de mettre parfois la législation en désaccord avec l'opinion publique ; il faut donc en user avec beaucoup de tact et de précaution, et prendre garde surtout au phénomène appelé par Bentham *aberrance* ou *déplacement* de la peine, qui en ferait supporter les conséquences par des personnes innocentes : tel sera le cas pour l'incapacité de témoigner en justice ; les accusés perdront ainsi le bénéfice d'un témoignage qui aurait pu leur être utile.

3° Les peines *pécuniaires* doivent être appliquées sur une vaste échelle ; la simple privation, dans laquelle elles se résolvent, constitue en effet un mal peu important ; elles sont éminemment réparatrices pour la victime, et par conséquent convertibles en profit ; elles frapperont d'une façon juste si on a le soin de les proportionner à la fortune du condamné ; elles sont économiques. On pourrait leur reprocher d'avoir peu d'exemplarité, et sous ce rapport les peines *quasi-pécuniaires* ou confiscations leur sont préférées par Bentham.

4° Enfin la *déchéance de protection légale* ou mise hors la loi doit être rejetée en raison de sa grande inégalité selon les diverses situations sociales des délinquants.

V

Mieux vaut prévenir que guérir, voilà une maxime d'u-
tilité pratique et de sage économie de moyens, que ne pouvait négliger le benthamisme ; aussi la peine, procédé im-
parfait, guérissant le mal par le mal, n'est-elle considérée
que comme un pis-aller ; on ne doit l'employer qu'à défaut
d'autres moyens (1). Nous avons déjà vu quelques mesures
préventives directes et précises contre le mal des délits.
Bentham indique un certain nombre de procédés indirects
et généraux qui concourent au même but. Citons les principaux :

A. — *Oter le pouvoir physique de nuire.* — Ainsi une réglementation stricte sur la vente des substances vénéneuses,
des armes, de l'alcool, pourrait avoir des effets très favorables.

B. — *Tâcher par des moyens indirects de prévenir la volonté mauvaise.* Ainsi on détournera le cours des désirs dangereux en les dirigeant vers des amusements conformes à
l'intérêt public : contre la passion des liqueurs fortes on
tentera de faire prévaloir l'usage de boissons non enivrantes,
contre la paresse et l'oisiveté on répandra le goût des exercices physiques, de la musique, du théâtre, etc. : l'abus des
fêtes, chômages forcés, repos obligatoires n'est propre qu'à
développer peu à peu la fainéantise et doit être soigneusement

(1) La peine, pour lui comme pour M. Ferri, c'est le moyen
simple, primitif, celui qui se présente le premier à l'esprit : tant
qu'on s'en tient à la mesure pénale, on reste dans la zone en quelque sorte élémentaire de la science criminelle ; pour l'approfondir,
il faut trouver autre chose : l'étude des moyens préventifs est
d'un ordre supérieur et plus parfait.

évité ; du reste le défaut d'occupation laisse l'homme livré à ses plus mauvais instincts ; on donnera aux désirs qu'on ne pourra supprimer complètement l'issue la moins préjudiciable possible : par exemple, en organisant un redressement légal pour les injures, on obvierait aux désirs de vengeance, causes de meurtre et de duel ; en évitant de flétrir toute union autre que le mariage, on remédierait à bien des crimes contre les mœurs, à des infanticides, etc. ; on épargnera aux honnêtes gens les tentations mauvaises, en leur assurant par exemple des salaires convenables s'ils remplissent des fonctions difficiles ou délicates ; le célibat des prêtres, par les tentations qu'il développe, constitue une source de scandales ; on donnera à certaines personnes un intérêt à dénoncer et à prévenir les délits ; on pourra même aller jusqu'à offrir des récompenses pour la délation : sur ce point, Bentham déclare se séparer nettement de Beccaria ; la honte qui s'attache à la délation est un pur préjugé, au moins si le dénonciateur obéit à des motifs honnêtes, agit dans l'intérêt public ; il se rend utile, car il est désirable que tous les crimes soient punis ; il mérite donc un salaire (1) ; on remédiera (et l'idée est des plus importantes) à l'incertitude et à la complication des procédures et des peines qui laissent trop d'espoir d'impunité : « toutes les précautions qui ne sont pas absolument nécessaires pour la protection de l'innocence offrent une dangereuse protection au crime (2) ».

(1) *Théories des Peines et des Récompenses*, T. II. p. 123 et s.
(2) *Traité de lég. civ. et pén.* T. II. p. 297.
C. f. *infra* p. 192, les développements que donne sur ce point M. Garofalo.

C. — *Cultiver la bienveillance.* — Il faut moraliser les masses, éloigner d'elles tout spectacle sanguinaire ou cruel, réprimer sévèrement même les cruautés envers les animaux, comme étant d'un exemple dangereux (1). Mais surtout il faut diriger les bons sentiments suivant le principe de l'utilité, ne pas leur permettre de s'égarer comme ils n'y sont que trop sujets ; le grand précepte en cette matière paraît à Bentham se résumer dans la maxime de Fénelon : « Je préfère ma famille à moi, ma patrie à ma famille, et le genre humain à ma patrie ». La bienveillance doit en effet se proportionner à l'étendue de son objet. Nous retrouvons ici la même opinion que nous avons déjà rencontrée chez Beccaria. « On fera rougir les citoyens, nous dit Bentham, de cet esprit de famille, de cet esprit de corps qui milite contre l'amour de la patrie, de cet amour injuste de la patrie qui se change en haine contre les autres nations (2) ».

D. — *User à propos de la sanction morale, de l'opinion publique, des idées religieuses, du pouvoir de l'instruction, de l'éducation.* — Ainsi le serment, convenablement ménagé et non pratiqué de manière futile, rendra de très grands services ; l'instruction et l'éducation, aux mains du gouvernement, sont des moyens puissants ; l'ignorance est d'ailleurs d'une manière générale une cause productrice de crimes.

E. — *Eviter les abus d'autorité par la division des pouvoirs, les contrôles réciproques, la liberté de la presse, le droit d'association* etc.

(1) L'exactitude de cette observation est attestée par les criminalistes modernes, en particulier par Lombroso.
(2) *Traité de lég. civ. et pén.* T. II p. 314.

Telle est cette doctrine de Bentham qu'on a l'habitude de représenter soit comme le triomphe de l'égoïsme, soit comme l'apologie de l'esclavage individuel, de l'asservissement à l'utilité sociale (1). Il est facile de se rendre compte que le principe de l'utilité, capable assurément, s'il est maladroitement mis en pratique et surtout grossièrement compris, de conduire aux plus funestes conséquences, devient au contraire, finement analysé, clairement approfondi comme il l'est par l'école utilitaire anglaise, une pure source de libéralisme : en morale comme en politique, il constitue un guide et un frein puissant contre les grandes utopies métaphysiques, séduisantes au premier abord, mais qui dans la pratique mènent souvent à des résultats désastreux pour le progrès et la liberté.

(1) V. Garraud. *Précis de droit criminel*, 6ᵉ éd. p. 12.

CHAPITRE III

L'École Italienne.

Nous connaissons maintenant les précurseurs ; nous avons vu le développement, nous pourrions presque dire la naissance et le germe de cet ensemble d'idées qu'on désigne aujourd'hui sous le nom de politique criminelle. Elles nous sont jusqu'ici apparues éparses dans la diversité des théories, où elles se trouvent encloses soit comme des conséquences rigoureuses, soit comme des exceptions dictées par des considérations pratiques. Nous allons les voir maintenant se réunir en un corps de doctrines, se vivifier en quelque sorte sous l'influence de l'esprit scientifique qui les rassemble et par certains côtés les transforme. Le fait initial et la première cause de cette évolution est, on va pouvoir en juger, l'apparition du livre de Lombroso, l'« *Homme criminel* ». C'est cet ouvrage qui marque la naissance de l'Ecole dite Italienne, dont nous nous proposons maintenant d'examiner les doctrines, en les groupant autour de trois grands noms, Lombroso, Garofalo et Ferri.

Les grandes théories biologiques et sociologiques ont le don de provoquer l'attention publique d'une façon toute particulière ; cette mystérieuse attirance, cet intérêt qu'elles inspirent à la masse, ont pour premier effet de rendre rapidement illustres les noms de leurs auteurs ; mais, à côté de cet effet, que l'on pourrait qualifier de bienfaisant, la célébrité produit un autre résultat, extrêmement fâcheux : ressassées et commentées par la foule incompétente, les idées s'altèrent et se modifient, perdent leur pureté et leur rigueur primitives, et la doctrine finit par se répandre sous une forme vague et imprécise, qu'on attribue à l'auteur, et qui est en réalité l'œuvre d'une foule d'anonymes glossateurs. Il se crée une sorte de légende autour de la véritable théorie, n'en conservant guère que son brillant contenu, c'est-à-dire ses solutions extrêmes, et laissant volontiers de côté ce qu'elle renferme de difficile, c'est-à-dire ses justifications; ainsi beaucoup croient la connaître qui ne la connaissent point, ou n'en connaissent qu'une espèce de contrefaçon. C'est ce qui est arrivé pour les théories socialistes, que la plupart de leurs adhérents seraient bien embarrassés d'exposer méthodiquement; c'est ce qui est arrivé pour le darwinisme, dont beaucoup parlent avec emphase, sans être cependant bien fixés sur le mécanisme de la sélection. C'est le cas enfin plus récemment pour les doctrines de l'Ecole Italienne, surtout pour celles de Lombroso, dont les recherches, en même temps qu'elles précisaient les caractères distinctifs du criminel-né, ont incontestablement contribué à créer le type du criminaliste d'occasion.

Il ne sera donc pas inutile de serrer d'un peu près l'idée Lombrosienne, et d'entrer à son sujet dans quelques détails précis; c'est ce que nous nous proposons de faire dans les pages qui suivent, où l'exposé de cette théorie fera apercevoir dans son expression la plus saisissante, comme aussi dans sa forme la plus outrée, la conception du crime ou plutôt de l'anomalie criminelle qui est celle de la nouvelle école, la conception inspiratrice, on peut le dire, du courant novateur et même révolutionnaire qui déjà entame, et bientôt peut-être emportera définitivement l'amas des vieilles lois pénales.

SECTION I

Crime et criminel

On peut résumer les doctrines de l'École Italienne par cette idée que le crime est un produit naturel ou social. L'acte criminel n'est pas l'œuvre d'une volonté libre de ses décisions ; c'est un résultat prédéterminé, une conséquence nécessaire de certains facteurs dont l'étude devient la base même de toute science pénale. Ces causes et conditions étant données, le crime doit s'ensuivre : c'est donc à elles qu'il convient de s'attaquer si l'on veut utilement combattre le mouvement criminel. Si l'on parvient à placer l'individu hors de la sphère de malfaisance, à l'affranchir des influences qui pèsent sur lui et le poussent inéluctablement au mal, du même coup on aura supprimé ce mal lui-même ; car si le crime, à la nouvelle École, apparaît comme inévitable dans des circonstances données, la proposition contraire est considérée comme vraie ; modifions ces circonstances, et le crime devient impossible : n'est pas criminel qui veut.

Quels sont les éléments de l'action délictuelle ? L'homme étant soumis à deux ordres de lois, celles de la nature et celles de la société, il est probable que le crime doit se produire sous une double influence. Et c'est en effet la conclusion à laquelle aboutissent les criminalistes Italiens. La science pénale ne peut être séparée de deux sortes d'études qui en donnent la clef, l'étude de l'homme au point de vue de sa nature tant physique que psychologique (ce qu'on peut avec quelque extension comprendre sous le nom de *biologie*), et l'étude de l'homme en tant qu'être social (*sociologie*). A cette double classification, M. Ferri propose bien de substituer une classification tripartite, où les éléments du délit se diviseraient en facteurs anthropologiques, physiques et sociaux, les premiers provenant de la constitution subjective ou individuelle, les seconds de l'influence des agents extérieurs, les troisièmes du milieu social. Sans nier l'influence de la seconde catégorie, il nous semble comme à M. Tarde que son peu d'importance relative permet de n'en point faire un chapitre spécial, et qu'on peut la répartir dans les deux autres. C'est donc sous un double rapport que nous allons envisager la notion du crime.

§ 1. — Les éléments biologiques du crime.

Historiquement, ce sont eux qui ont été les premiers mis en lumière par la nouvelle Ecole. Ce sont eux principalement qui ont fait l'objet des recherches de Lombroso.

A. — *Lombroso.* — Le système de Lombroso (tel au moins qu'on le trouve dans les dernières éditions de son livre, et dans ses ouvrages les plus récents) comprend deux parties, deux questions distinctes : 1° Qu'est-ce que le criminel ? D'où proviennent les particularités qu'il présente ? On peut donc dès l'abord remarquer que les objections faites aux solutions qu'il donne à la seconde partie du problème ne sauraient en aucune façon infirmer le système tout entier : que l'anomalie criminelle trouve son explication dans l'atavisme ou dans la dégénérescence (et nous verrons bientôt que les deux solutions sont loin d'être inconciliables), ou enfin qu'elle ait une origine purement contingente ou accidentelle, évidemment la controverse sur ces points ne peut avoir pour conclusion l'inexistence de cette anomalie. Les critiques de la théorie du crime atavistique, comme celles de M. Proal, n'ont donc qu'une portée restreinte (1).

Quoi qu'il en soit, le crime d'après Lombroso a, dans l'histoire de la nature, des origines extrêmement lointaines. Somme toute, la lutte pour l'existence, qui gouverne la nature animée, constitue la source et le principe de l'instinct criminel ; cet instinct n'existe donc pas seulement chez l'homme, mais aussi chez l'animal, et se retrouve chez la plante. Que dans ces deux derniers cas il se trouve lié à une condition physiologique particulière, c'est ce qui est évidemment incontestable : on ne saurait lui attribuer pour source l'effet d'une libre volonté. Et ainsi, nous semble-t-il, cette étude de la criminalité comparée, à laquelle se livre Lombroso, outre qu'elle sert de point de départ à l'explication du crime par un retour atavique, acquiert encore une très grande importance, en ce qu'elle nous montre dans la physiologie l'origine et la nature du phénomène criminel. Lorsque l'auteur, par exemple, observe que le chanfrein busqué de certains chevaux est une particularité qui dénote presque toujours des vices de caractère, ce n'est pas sans doute pour

____

(1) V. Proal. *Le crime et la peine*, p. 18 et s.

prétendre établir un lien de filiation entre ces chevaux et les criminels, mais bien pour montrer la correspondance entre l'anomalie physique et l'anomalie morale.

Le monde animal nous offre donc le spectacle de véritables crimes, et ces actes se commettent sous l'empire de raisons analogues à celles qui jouent pour l'homme le rôle de motifs déterminants ; le meurtre, par exemple, sera commis par vengeance ou par avidité, ou même par antipathie. On peut trouver l'équivalent d'associations de malfaiteurs, tout à fait caractérisées, réunissant les individus dans un but commun de rapine ou de carnage ; le vol et le meurtre instinctifs sont évidemment le résultat direct et immédiat de la lutte pour la vie. Le premier surtout, chez les espèces occupant un rang élevé dans l'échelle animale, prend des caractères quasi-conscients qui à coup sûr le rapprochent des faits commis dans les sociétés humaines ; les chiens, les singes, avec l'esprit de finesse et de ruse qu'on ne saurait leur refuser, se livrent pour obtenir l'objet de leur convoitise à des manœuvres qui constituent de véritables escroqueries.

L'immoralité, ou plutôt *l'amoralité* criminelle étant le lot de la nature organisée tout entière, rien d'étonnant à ce qu'on la retrouve au berceau de l'humanité. Lombroso, adepte des théories de Darwin, voit en effet dans le transformisme l'origine de l'espèce humaine (1) : l'homme est soumis aux lois de l'hérédité et de l'atavisme (2), qui malgré l'évolution ten-

(1) Chose singulière, il n'a pas d'abord aperçu l'étroit rapport de son système avec l'évolutionnisme anglais. Il le remarque lui-même dans un article de beaucoup postérieur aux premières éditions de son livre, et qui a paru dans la revue allemande « *Zeitschrift für die gesamte Strafrechtswissenschaft* ». Année 1883, p. 463.

(2) Il faut distinguer avec soin l'atavisme de l'hérédité propre-

dent à maintenir les caractères des lointains ancêtres ; animal transformé, il n'est pas affranchi des vices de l'animalité originaire. Si les documents qui permettent d'étudier à ce point de vue les mœurs de l'homme primitif sont peu abondants, les découvertes de la science doivent d'après notre auteur faire préjuger de grands rapports dans l'ordre biologique entre l'humanité préhistorique et les habitants actuels des contrées du globe non civilisées. Les sauvages ne sont pour lui que des êtres arrivés à un moindre degré d'évolution et de perfectionnement : ils nous offrent à l'heure présente l'image des âges passés.

Or, chez le sauvage comme chez l'animal, le crime est à l'état de règle générale ; ce qui parmi nous est considéré comme immoral et délictuel devient chez beaucoup de peuplades le fait ordinaire et normal. L'avortement et l'infanticide sont pour la plupart des races inférieures des pratiques absolument naturelles et simplement destinées à prévenir un accroissement de population funeste pour les subsistances. Le meurtre est souvent commandé par les rites du culte (sacrifices humains); chez certaines tribus de l'Afrique et de la Polynésie il ne soulève aucune réprobation et même est regardé comme une preuve de courage, fût-il dicté par la colère ou par le simple caprice. Le cannibalisme, résultat fréquent de la nécessité, est également dans beaucoup

ment dite. L'hérédité a pour effet de transmettre certains traits dans la suite ininterrompue des générations ; l'atavisme fait réapparaître des caractères ancestraux qui avaient disparu pendant un nombre parfois considérable des mêmes générations, et qui se manifestent de nouveau comme par une sorte de phénomène régressif.

de cas un acte religieux ; la vengeance de guerre, ou quelquefois la gloutonnerie, en constituent aussi les mobiles. La propriété n'est pas plus universellement respectée que la vie humaine, et le vol, comme jadis à Sparte, n'a pas toujours un caractère répréhensible.

Le sauvage comme l'animal pratique donc naturellement ce que la société civilisée qualifie de « crime ». La marche du perfectionnement et de l'adaptation de l'homme à la vie sociale aurait consisté précisément dans la rareté de plus en plus grande de la criminalité ; l'ancienne règle générale devient l'exception à mesure que s'accomplit l'évolution civilisatrice. Mais elle n'a pas disparu, et se manifeste à nouveau chez certains individus dont l'adaptation se trouve accidentellement moins parfaite: l'instinct criminel apparait en eux comme une tare atavique, comme un retard de perfectionnement. Et cette idée se vérifie si l'on étudie l'être humain civilisé dans son type le moins parfait et à un degré de moindre développement, c'est-à-dire dans l'enfance.

L'enfant est doué d'un esprit de malfaisance qui permet de reconnaitre en lui les germes de la criminalité ; le sens moral chez lui, au moins bien entendu d'une manière générale, n'existe qu'à l'état tout à fait rudimentaire ; il n'est porté vers le bien que par une éducation appropriée et par la peur du châtiment, mais ses tendances naturelles sont pour l'égoïsme mauvais.

L'enfant est sujet à de violents accès de colère, souvent, comme le fou moral, pour les motifs les plus futiles. Il est enclin à la jalousie, l'un des traits psychologiques qui rapprochent le plus l'homme de l'animal ; le mensonge et la dissimulation sont pour lui pratiques habituelles, l'esprit de

vengeance est chez lui extrêmement développé. Enfin la
cruauté, si souvent constatée, la paresse, la vanité, l'obscé-
nité, le penchant à l'imitation, la paresse, l'imprévoyance,
forment le fond de son caractère, complétant une psychologie à peine différente de celle que nous livrera l'étude du
criminel-né. Le type même du criminel, que Lombroso va
tâcher de dégager chez l'adulte, se rencontre, selon lui, et
ses statistiques le démontrent, dans une proportion beaucoup plus considérable chez l'enfant; l'enfant est donc plus
normalement criminel que l'adulte, les signes de criminalité
disparaissant ou s'atténuant chez certains avec l'adolescence.

De ces observations il résulte que le crime peut bien être
un phénomène naturel et lié à un certain état physiologique,
et d'autre part que son origine doit être probablement recherchée dans l'hérédité, l'homme criminel n'étant, nous
venons de le voir, qu'un être anormal, chez qui, pour des
raisons quelconques, l'évolution s'est trouvée retardée, laissant subsister à un certain degré l'imperfection primitive.
Cette hypothèse est-elle vérifiée par l'observation du criminel et des particularités qu'il présente? Existe-t-il des signes
qui le différencient de l'homme normal, du commun des
mortels?

S'appuyant sur ses propres recherches, et sur celles d'un
certain nombre d'anthropologistes, Lombroso conclut à
l'existence d'un semblable type, dont il tente de préciser les
caractères distinctifs.

On a beaucoup reproché aux criminalistes italiens de renouveler dans un sens nouveau les excès de l'ancienne
phrénologie, d'être des disciples de Gall, dont les doctrines,

ajoute-t-on, sont depuis longtemps condamnées par la science. On les a montrés torturant les crânes et fouillant les cervelles pour localiser et fixer la tendance criminelle, voulant à toute force trouver dans les protubérances de l'encéphale les témoins dénonciateurs du crime. Un pareil reproche ne peut à notre avis, s'il n'a pas pour cause une hostilité préconçue, provenir que d'un examen vraiment trop superficiel. La vérité est que les études crâniologique , si elles tiennent nécessairement une place dans des recherches qui embrassent à la fois la nature physiologique et les caractères psychologiques de l'homme, n'ont en aucune façon la prépondérance que les critiques leur attribuent. L'auteur commence en effet par reconnaitre le peu de résultats à tirer des mesures crâniennes proprement dites (1); tout ce qu'on peut conclure, c'est que les criminels ont une tendance à prédominer dans les mesures extrêmes; la proportion des capacités supérieures ou inférieures à la moyenne est plus forte dans les séries de crânes provenant de criminels que dans les séries ordinaires. Les mensurations céphaliques ne donnent qu'un indice de véritable importance, le développement exagéré de la mâchoire inférieure: or le prognathisme a toujours été considéré par l'anthropologie comme un signe de faiblesse intellectuelle et morale.

On voit que de ces observations scientifiquement discutées et vérifiées, aux localisations outrées de l'ancienne phrénologie il y a quelque distance. Lombroso n'essaye nullement de localiser la criminalité dans quelqu'une des protubérances crâniennes. Il emploie une tout autre méthode, étudiant

____

(1) Lombroso. *L'homme criminel*, éd. 1895. T. I, p. 151 et 209.

simplement les anomalies céphaliques qui peuvent se rencontrer chez les criminels. Une de ces anomalies lui fournit principalement matière à observations : elle consiste dans la fréquence caractéristique à ses yeux de la fossette occipitale moyenne, particularité qui se lie à un développement exagéré du vermis : rien d'excessif encore, semble-t-il, dans cette remarque, puisque les savants même les moins partisans de la localisation à outrance regardent la portion cérébelleuse de l'encéphale comme le siège des instincts les plus bas et pour ainsi dire de l'animalité humaine.

Ces quelques commentaires n'ont pas pour but évidemment d'entreprendre l'apologie détaillée des doctrines de l'École Italienne ; cette école en effet compte assez de polémistes vigoureux (1) pour n'avoir pas besoin d'un supplément de défense. Nous nous plaçons du reste ici au seul point de vue historique, et non critique. Mais quelques auteurs ayant tenté de jeter le discrédit sur les fondements et la méthode du système de Lombroso, qu'ils affectent de rabaisser systématiquement, et de considérer un peu comme moins scientifique que charlatanesque, il ne nous a pas semblé inutile de montrer dès le début la valeur et le caractère vraiment rationnel de ces recherches.

Poursuivant ses observations, Lombroso reconnait dans l'asymétrie faciale un symptôme de criminalité, d'abord parce qu'elle se rencontre d'une façon générale plus fréquemment chez les criminels, et ensuite parce que l'irrégularité de traits, les malformations se produisent presque tou

(1) C. f. Lombroso, Garofalo, Ferri, Fioretti. « *Polemica in difesa della scuola criminale positiva* » Bologna, 1886.

jours dans la même partie du visage, à gauche, au lieu que chez l'homme normal il n'y a aucune distinction à établir entre les deux côtés. D'autres anomalies céphaliques distinguent par leur plus grande fréquence l'homme criminel de l'homme honnête : le front est souvent fuyant et les arcades sourcilières extrêmement développées, cequi contribue beaucoup à donner à la physionomie une apparence violente et bestiale dont nous nous occuperons tout à l'heure. Passons, comme l'auteur, sans trop insister, sur les cas également en proportion supérieure de sténocrotaphies, sclérose du crâne, présence d'os wormiens dans les sutures, etc.

Pas plus qu'aux particularités crâniennes, et contrairement encore à l'opinion que lui prêtent beaucoup de critiques, opinion qu'ils se plaisent ensuite à savamment réfuter, le fondateur de l'Ecole Italienne n'attribue une très grande importance aux anomalies proprement dites du cerveau. Le poids de cet organe ne donne à son avis aucun renseignement sur le caractère de l'individu auquel il appartenait. On trouve des cerveaux de criminels d'un poids très supérieur à la moyenne, d'autres au contraire intérieurs, le tout sans aucune régularité. Le nombre et la disposition des circonvolutious cérébrales, éléments auxquels certains anthropologistes ont attaché beaucoup d'importance, ne lui paraissent pas non plus susceptibles de fournir des conclusions positives. Mais, conformément à une observation déjà rapportée plus haut, à propos de la présence d'une fossette occipitale moyenne, il trouve le poids proportionnel du cervelet en général plus considérable que dans les encéphales normaux. Seulement, si la masse cérébrale du criminel ne présente pas à son avis, par la comparaison avec le cerveau de l'homme ordinaire, des anomalies très frappantes, en revanche elle est très souvent le siège de lésions anatomiques et histologiques, de provenance traumatique ou autre (adhérence des méninges, comme dans le cas fameux de Menesclou, etc.). Ces lésions parfois sont de telle étendue et de telle nature qu'elles auraient dû entraîner la mort de celui qui les a subies ; mais, comme nous le verrons, le criminel possède une insensibilité et une résistance qui lui permettent de supporter sans dommage des atteintes auxquelles l'homme normalement constitué succomberait infailliblement ; c'est ainsi qu'on en a vu survivre à des entailles du crâne qui pénétraient profondément dans l'encéphale.

La même idée explique les nombreuses altérations que l'on remarque dans les différents organes du criminel. Le cœur, le foie, les autres viscères le squelette lui-même présentent des lésions dans le détail desquelles il ne nous est pas utile d'entrer.

Sous l'appellation commune de caractères anthropométriques, Lombroso réunit un certain nombre de particularités qui sont au contraire plus intéressantes à connaitre. La mensuration des meurtriers lui permet d'affirmer la fréquence des tailles élevées chez cette catégorie de criminels, et surtout la disproportion de leurs bras avec le reste de leur corps: leur envergure est remarquablement large, caractère qui, à n'en pas douter, les rapproche des grands singes anthropomorphes, dont les membres antérieurs atteignent des dimmensions considérables. Un autre trait de ressemblance est fourni par l'observation des extrémités inférieures, dont l'orteil est parfois très détaché des autres doigts, et même préhensile, chose qui s'observe également chez certains sauv ages, tels que les indigènes de l'Australie. Voilà selon l'auteur des faits très importants en faveur de la thèse de l'atavisme : c'en est un également à son avis que le mancinisme (gaucherie), très ordinaire chez les criminels : nos ancêtres étaient gauchers. A noter encore dans le même ordre d'idées l'agilité presque simienne des voleurs. L'asymétrie des pieds et des mains est un caractère fréquent, comme celle de la face ; la motilité présente des anomalies, consistant en phénomènes d'épilepsie, de chorée (danse de Saint-Guy), et une singularité qui se retrouverait chez les épileptiques, suivant les observations du docteur Gilles de la Tourette : le pas gauche est généralement plus long que le droit, alors que le contraire pourrait être constaté en étudiant la déambulation normale. L'amplitude thoracique est en général assez notable, la constitution est très robuste chez les meurtriers, (dont le vigoureux appétit est en effet, très souvent constaté par les journalistes en quête de détails), et, en sens inverse, plutôt débile chez les voleurs. Enfin des rides profondes se remarquent sur la face: les rides du front sont fortement accusées et la ride zygomatique acquiert des dimensions inaccoutumées.

La physionomie diffère selon les diverses catégories de délinquants : sous le bénéfice de cette remarque, son observation est féconde en résultats. Les violateurs se reconnaissent à leur œil saillant, à leur physionomie d'une certaine délicatesse, avec laquelle tranche la forme grossière de leur bouche aux lèvres volumineuses, — les meurtriers et les voleurs avec effraction ont les cheveux crépus, des déformations du crâne, surtout les mâchoires et l'arcade zygomatique puissamment developpées, — les homicides habituels ont

le regard vitreux, froid, immobile, l'expression est sanguinaire
et parfois l'œil injecté, le nez est aquilin ou même crochu,
dans tous les cas de forte dimension ; comme la catégorie
précédente, celle-ci est remarquable par le développement
des os maxillaires et des zygomas, ce qui rend les pommettes saillantes et contribue à leur donner un air de cruauté et
de bestialité, auquel ajoutent encore des canines anormalement longues et d'autant plus apparentes que souvent les inci-
sives font en partie défaut par suite des blessures très fré-
quentes chez les criminels violents. Les lèvres minces, les
oreilles volumineuses et en anse les cheveux crêpus et abondants et la barbe rare complètent le portrait ; — les faussai-
res et escrocs ont une physionomie placide et tranquille, les
yeux petits, le nez de travers, et au contraire des autres
délinquants, sont souvent atteints de calvitie.

De toutes ces remarques résulte l'existence, sinon d'un
type criminel général, au moins de types criminels qu'on peut
réunir en catégories. Bien entendu ces types ne présentent
qu'un plus ou moins fort degré de fréquence, et non pas une
constance absolue : mais la constance n'est pas un élément
indispensable pour qu'il soit permis de parler de type spécifi-
que ; il suffit qu'on puisse poser une règle tout en reconnais-
sant des exceptions ; c'est là une opinion partagée même
par des savants adversaires de la thèse anthropologique du crime ; elle est professée par Topinard (1). Et c'est
aussi sans doute l'avis de M. Tarde, qui se défend également
d'adopter l'explication Lombrosienne de la criminalité, et propose d'y substituer une théorie voisine, qui lui semble d'une
application plus générale, celle des types professionels : ce

(1) Topinard. « *Éléments d'anthropologie générale* » p. 101.

ne seraient pas seulement d'après lui les criminels qui présenteraient des particularités remarquables, mais chaque profession (au moins si l'on classe les professions en certaines larges catégories) aurait ses caractères distinctifs : il y aurait un type-soldat, un type-juge etc., et ces différents types viendraient se superposer en quelque sorte aux types ethniques beaucoup plus vastes, c'est-à-dire aux races humaines. Ils pourraient d'ailleurs être congénitaux ou acquis, ou même pour partie avoir l'une et l'autre origine. Le type criminel ne serait que l'une de ces espèces, la seule inassimilable à la société et en lutte ouverte avec elle, par conséquent aussi la plus importante à connaitre (1).

Quoi qu'il en soit de la nature des types criminels et de leur genèse, il semble à Lombroso qu'il soit possible de les comparer et de leur trouver des caractères communs. Malgré les quelques différences qu'il n'hésite pas à reconnaitre entre les diverses classes, les criminels ont selon lui d'une manière générale : « les oreilles écartées, les cheveux abondants, la barbe rare, les sinus frontaux et les mâchoires énormes, le menton carré et saillant, les pommettes larges, les gestes fréquents, en somme un type ressemblant au mongol et parfois au nègre (2). » L'existence de ce type commun expliquerait l'étrange ressemblance et pour ainsi dire l'unité que l'on trouve dans la physionomie des criminels de divers pays ; si en effet l'on consulte l'atlas qui fait suite à l' « *Homme criminel* », et renferme de nombreuses photographies, il est impossible de ne pas être frappé des

(1) V. Tarde : « *La criminalité comparée* » p. 56 et s. et « *La philosophie pénale* » p. 251 et s.

(2) « *L'Homme criminel.* » T. I, p. 222.

rapports physionomiques entre la plupart des sujets représentés, bien que leur origine soit différente et qu'ils appartiennent à plusieurs groupes ethniques. Italiens et Allemands, ils présentent une homogénéité tout à fait surprenante si l'on compare des séries latines et germaniques de photographies normales.

Du reste, certaines personnes, et en particulier des femmes (Lombroso en cite des exemples), éprouvent par une sorte d'intuition une répulsion véritable lorsqu'elles se trouvent en présence de criminels. Il est également certain que les magistrats et les policiers exercés savent déchiffrer la physionomie des sujets qui passent devant eux et arrivent parfois à des résultats remarquables. « Il ne m'est pas nécessaire, disait Vidocq, de voir tout le visage d'un criminel pour le reconnaitre, il me suffit de pouvoir le fixer dans les yeux. »

Toutefois Lombroso lui-même observe que la présence d'une ou deux des anomalies qu'il signale ne devrait pas faire nécessairement conclure à la criminalité : le type criminel n'est véritablement caractérisé que par la simultanéité d'un certain nombre de ces signes, trois, quatre et même davantage. Et cependant, on peut le remarquer par la comparaison statistique, les symptômes, même à l'état isolé, quoiqu'ils se rencontrent parfois chez les gens honnêtes, sont bien moins fréquents chez eux que chez les coupables : s'ils ne permettent pas en ce cas de tirer des conclusions sûres, au moins ont-ils quelque valeur comme éléments de probabilité.

Les documents qui précèdent ont trait à ce qu'on pourrait appeler la morphologie, tant extérieure qu'intérieure du criminel : l'étude de ce dernier aux points de vue biologique

et psychologique tient dans la théorie Lombrosienne une place
non moins considérable et nous livre des aperçus tout à fait
inattendus. L'habitude par exemple que les criminels ont de
porter des tatouages est une particularité digne de remarque ; d'abord, le sujet même de ces tatouages constitue très
souvent une révélation : le crime est raconté par l'image.
Tout au moins, ils fournissent des renseignements précis
sur le genre de vie antérieur de celui qui les porte ; car il
existe une sorte d'argot du tatouage, un système grossier
de langage hiéroglyphique, où les divers signes ont une
valeur symbolique. Mais, indépendamment de l'aide qu'il
apporte ainsi à la justice, le tatouage par le fait seul de son
existence est un indice précieux à retenir, étant d'un usage
beaucoup plus fréquent dans les classes dangeureuses de la
société. « Le médecin-légiste peut donc puiser dans le tatouage un indice de récidive, surtout s'il le constate sur des
individus qui n'appartiennent pas à la classe des marins, des
militaires, etc (1). » (ces derniers pratiquant eux aussi d'habitude l'opération dont s'agit, qui n'a plus chez eux qu'une
signification professionnelle). La coutume du tatouage est, on
le sait, extrêmement répandue chez les sauvages, qui lui donnent aussi une valeur symbolique : on peut donc là encore
voir chez le criminel une manifestation atavique, peut-être
transmise par tradition. Chez les fous au contraire on trouve
rarement des individus tatoués. C'est là une des différences
entre fous et criminels.

Chez ceux-ci, la pratique dont nous nous occupons, et qui
ne laisse pas que d'être fort douloureuse, trouve peut-être son

______

(1) *L'homme criminel*, p. 300.

Maillard

7

explication dans l'étrange insensibilité physique de ceux qui s'y soumettent. Le criminel, comme le sauvage, supporte sans sourciller des épreuves auxquelles l'homme ne saurait normalement résister. De là sans doute vient la réputation de courage que l'on fait à certains d'entre eux. Parfois même l'insensibilité va jusqu'à la complète analgésie. Contre les faits avancés par Lombroso, on a invoqué l'opinion de beaucoup de médecins ou chirurgiens, au témoignage desquels les malades criminels montrent beaucoup moins d'endurance que la moyenne des gens honnêtes; mais la raison n'est pas probante, car on sait que certains malades, dans le seul but de se faire plaindre et d'inspirer l'intérêt, gémissent volontiers sur d'imaginaires souffrances, et feignent d'être en proie à des douleurs qu'ils sont loin d'éprouver; l'immense vanité qui caractérise l'homme criminel, ainsi que nous le verrons plus loin, suffirait donc à éclairer l'apparente contradiction. D'ailleurs à l'insensibilité se joint chez les criminels la disvulnérabilité : nous en avons trouvé un exemple à propos des plaies et blessures au crâne : Lombroso cite d'autres cas où des criminels ont guéri de lésions extraordinaires avec une étrange rapidité. Pour lui, l'absence de souffrance est un puissant préservatif contre les accidents traumatiques.

Non seulement les impressions douloureuses ont peu de prise sur les criminels, mais les expériences entreprises sur les prisonniers par Ottolenghi et Biliakow démontrent que leurs sens en général n'ont pas l'acuité normale : leur champ visuel est restreint, l'odorat, l'ouïe, le goût, sont chez eux d'une grande obtusité. Les réactions réflexes sont également peu intenses : de l'étude sphygmographique il résulte que leur pouls varie peu suivant les émotions diverses; de même on les amène difficilement à rougir, ce qui peut aussi s'expliquer en partie par leurs caractères psychologiques et moraux, auxquels nous arrivons maintenant.

Le manque de sensibilité n'est pas chez eux seulement physique : l'affectivité morale semble leur faire défaut dans la plupart des cas. Cette remarque, que nous allons voir bientôt reprise et développée par M. Garofalo, acquiert dans la théorie Lombrosienne une très grande importance; l'assimilation finale du fou moral et du criminel qui forme la conclusion de cette théorie trouve en effet dans cette observation un premier et précieux élément de probabilité, le défaut de sensibilité pouvant être avec ressemblance regardé comme en rapport étroit avec le défaut de sens moral. Les assassins semblent rarement être retenus par le sentiment de la pitié, et ce n'est pas par une ferme volonté d'y résister et de passer outre, mais parce qu'ils ignorent complétement ce sentiment; l'émotion provoquée par la mort, et qui est si vive dans la plupart des hommes, leur est totalement inconnue; ils dorment et mangent à côté de leur victime sans éprouver de remords; leur crime leur semble chose naturelle, ainsi qu'en témoigna Lacenaire; ils en parlent d'ailleurs avec tranquillité lorsqu'ils se trouvent soumis aux interrogatoires de l'instruction ou de la Cour d'assises, et pour cette raison les confrontations théâtralement organisées, même dans le sinistre décor de la Morgue, sont très peu susceptibles de donner des résultats, et bien plus capables d'impressionner les innocents arrêtés par erreur que les véritables coupables. L'insouciance avec laquelle les condamnés marchent à l'échafaud et dont ils font preuve dans l'intervalle qui sépare la condamnation de l'exécution, témoigne en faveur de cette absence d'émotivité (1).

La mort impressionne donc peu le criminel, et c'est pourquoi les criminalistes de la nouvelle école se préoccupent de trouver à la peine d'autres justifications que la nécessité d'une intimidation à peu près illusoire. Les suicides sont très nombreux dans les prisons et leurs causes ont d'ordinaire très peu de gravité. Du reste d'une manière générale, et en dehors même des condamnés ou inculpés, ce genre de mort n'est pas rare dans le monde criminel. « Pour tous les coupables, nous dit Lombroso, le suicide est tantôt une soupape de sûreté, tantôt une crise et un supplément de la tendance au crime, soit qu'il se trouve à son développement ou à sa naissance » (2). Aussi remarque-t-on dans les statistiques que la marche des suicides est inverse de celle de la criminalité. Mais parfois les deux tendances se trouvent réunies dans le même individu, et l'on a vu des gens chez qui l'idée de mort était tellement ancrée, bien qu'ils n'eussent pas le courage de mettre eux-mêmes fin à leurs jours, qu'ils commettaient des crimes avec le seul but d'encourir une condamnation capitale. Lombroso observe cependant que beaucoup de tentatives de sui-

(1) Le courage, qu'on serait tenté de reconnaître à certains grands scélérats, est donc, somme toute, une qualité qui excite au plus haut point l'admiration des hommes parce qu'ils en jugent d'après leur propre sentiment et l'attribuent en conséquence à un effort méritoire de la volonté vertueuse : il est pourtant bien souvent le simple effet d'une organisation psychologique particulière, dont les criminels et les sauvages nous offrent d'après Lombroso de frappants exemples, et probablement aussi les hommes de guerre, chez qui l'instinct brutal n'est pas sans rapport avec l'instinct criminel, dont il ne se distinguerait en définitive que par le mode différent de son exercice.

(2) « L'Homme criminel », p. 308.

cide sont de pures simulations, commises souvent avec le secret espoir d'impressionner les jurés et d'échapper à la justice.

A côté de cette insensibilité générale qui semble le fond de la nature criminelle, on rencontre, par une bizarre contradiction, des délicatesses de sentiment extraordinaires: tel individu qui froidement et sans aucun remords s'est rendu homicide, auquel le souvenir de sa victime n'inspire aucune espèce de pitié, montrera, par contre, une affection et un dévouement très vifs pour certaines personnes, pour ses enfants parfois, mais plus ordinairement pour des tiers qui, somme toute, n'ont que des droits restreints à sa reconnaissance, par exemple pour le directeur de la prison où il sera écroué. De même les prostituées, qui, selon l'Ecole Italienne, constituent une véritable catégorie criminelle, malgré le cynisme dont elles font preuve et l'insouciance avec laquelle elles supportent leur lamentable condition, ont parfois des élans de tendresse honnête et même de surprenante charité (1). Mais chez elles comme chez les criminels, ce sont là des sortes de crises, des violences de sentiment que leur excès même rend d'une grande instabilité.

Et du reste, ces cas ne doivent être regardés que comme exceptionnels. L'étude psychologique commune des criminels nous montre dans leurs sentiments tout autre chose que ces tendances vertueuses dont Victor Hugo naguère se complut à nous faire un tableau enchanteur (2). La passion

(1) V. Parent-Duchâtelet. « *De la prostitution dans la ville de Paris* » Paris, 18?0. T. I p. 143 et s.

(2) Victor Hugo : « *Le dernier jour d'un condamné* » et « *Claude Gueux* ».

maîtresse, celle qui semble dominer et posséder le monde du crime, c'est la vanité. « Les fous et les criminels ont une vanité qui empêche le développement de tout sentiment altruiste ; ils tuent pour faire parler d'eux, pour devenir le personnage du jour, pour voir leur nom dans les journaux, pour inspirer la terreur ou la pitié, ou pour devenir un objet d'horreur ». Le criminel, selon le mot d'un éminent anthropologiste, est en proie à une véritable « *hypertrophie du moi* (1) ». Cette vanité est telle qu'elle étouffe les autres sentiments, même l'instinct de la conservation, même la plus élémentaire prudence : exaspérée encore par le crime, que son auteur regarde souvent comme un haut fait digne d'admiration, elle est un puissant auxiliaire de la police ; il est rare en effet que le criminel se résolve à garder le silence

(1) On pourrait ajouter aux nombreux exemples cités par Lombroso un cas tout récent, celui de Peugniez, exécuté le 30 janvier 1899 : les tendances psychologiques et morales de cet homme sont une remarquable vérification des observations que nous venons de rapporter. Le sang-froid avec lequel il commit son double crime (assassinat d'une femme et d'un enfant) est bien d'accord avec ce que Lombroso nous dit de l'insensibilité criminelle. D'autre part il tenta de se tuer lors de son arrestation : or nous avons reconnu la fréquence du suicide parmi les criminels. Sa singulière conversion au protestantisme quelques jours avant de mourir s'accorde avec les remarques que nous trouverons plus loin sur le mysticisme. Enfin la vanité extrême éclate nettement dans les incidents qui marquèrent son exécution (il affecta de commander aux soldats qui entouraient l'échafaud de porter les armes et poussa à plu-. sieurs reprises le fameux cri d'Avinain : « N'avouez jamais », qui dans sa bouche n'avait aucune espèce de signification, puisque sa condamnation n'était pas due à ses aveux). On retrouve également la préoccupation outrée du « moi » dans l'écrit testamentaire par lequel il charge avec force recommandations le pasteur qui l'assista à ses derniers moments de rédiger ses mémoires.

sur le forfait commis par lui : il en parle, il s'en vante, il en fait parade, il va même jusqu'à étaler orgueilleusement les effets volés à la victime. On sait combien souvent les policiers habiles parviennent à obtenir les aveux des accusés, et combien aussi une fois entrés dans cette voie ces derniers se montrent prolixes et prodigues de détails. Aussi faut-il considérer comme dangereux les compte-rendus des journaux et leurs illustrations, dont l'effet est d'exciter cette passion déjà si violente.

La vanité égoïste et l'insensibilité ont souvent pour corollaire chez les criminels une cruauté féroce : on rencontre parmi eux de véritables brutes qui tuent pour le plaisir de tuer. Beaucoup ont la passion du sang, se plaisent à voir souffrir ceux qu'ils ont frappés. Les femmes sous ce rapport dépassent les hommes en férocité (et l'on voit en effet dans les récits des voyageurs que chez les sauvages les femmes se chargent de harceler les victimes) : c'est donc avec raison que Shakespeare donne à lady Macbeth un caractère plus cruel et plus impassible qu'à son mari (1).

Cruel comme le sauvage et l'enfant, comme eux encore l'homme criminel est vindicatif au plus haut point; les causes les plus futiles excitent sa colère et exaltent son appétit de vengeance; sa jalousie est telle, qu'il voit avec fureur son complice échapper à la peine ou être moins sévèrement traité que lui-même. Enfin il n'est pas étonnant qu'en ren-

____

(1) Shakespeare est du reste peut-être de tous les littérateurs celui qui a le mieux entrevu et rendu la nature spéciale du criminel-né. Sur cette question, M. Enrico Ferri a fait récemment paraître un livre d'un très grand intérêt, « *Les criminels dans la littérature et dans l'art* ». Paris, 1893.

contre chez lui les vices proprement dits, l'ivrognerie, la gour-
mandise, qui va parfois jusqu'à la voracité, la passion du
jeu, la lasciveté, etc.

De ces traits divers qu'il rassemble sur le caractère des
criminels, Lombroso conclut à l'absence en eux de cette
faculté qu'on désigne sous le nom de « *sens moral* ». Nous
l'avons vu, ils ignorent la pitié, le repentir, même le simple
regret. Une dernière preuve indirecte de leur manque de
remords, nous dit l'auteur de « *l'Homme criminel* », preuve
qui peut-être considérée comme une démonstration des plus
claires, c'est que les criminels de cette catégorie ne plai-
gnent jamais leur victime, qu'ils la tournent en dérision au
contraire et la calomnient souvent (1). Ils semblent donc
la plupart du temps n'avoir aucune notion du bien et du mal,
du moins n'en avoir pas la notion affective, celle qui com-
mande l'action ou l'abstention et qui constitue à proprement
parler le sens moral ; car d'un autre côté ils comprennent parfois, la valeur des actions au point de vue éthique : ils les jugent
chez autrui, sans toutefois posséder la force ou la volonté
de se soumettre eux-mêmes à ce jugement ; on les voit s'in-
digner au récit des forfaits commis par d'autres, se passion-
ner à la lecture des romans populaires où selon la formule
la vertu trouve à la fin sa récompense et le vice son châtiment. Leur immoralité pourrait donc bien être liée à leurs
tendances vaniteuses et personnelles : le « moi » chez eux
primerait tout le reste et produirait par sa prédominance
une sorte d'oblitération de leurs facultés. Le même état moral de tranquillité dans l'égoïsme se remarquerait chez le

(1) « *L'homme criminel* » p. 125.

sauvage, qui ne manifeste aucun regret d'actions pour lui naturelles : le fou au contraire, une fois son ardeur passée recouvre souvent le sens de la justice et témoigne du repentir.

Les facultés intellectuelles du criminel sont d'après Lombroso mal équilibrées et même faussées : il voit une preuve de cette dernière proposition dans la nature de leurs sentiments religieux. Ceux qui ne sont pas d'une irréligion complète s'adonnent à la superstition ; le culte est pour eux un ensemble de pratiques extérieures, qu'ils observent parfois scrupuleusement, mais dont ils ne pénètrent pas le vrai sens : ils invoqueraient volontiers l'aide de Dieu dans l'accomplissement de leurs forfaits (1). Ils montrent d'ailleurs en général peu d'intelligence : comme au sauvage, et ajouterons-nous, comme à la femme (2), le raisonnement logique, semble leur être étranger; ils n'ont aucune suite dans les idées et sont d'une incroyable légèreté d'esprit, ce qui explique l'imprévoyance dont ils font preuve dans la préparation de leurs crimes et leurs imprudences consécutives : ils conserveront par exemple ostensiblement les objets volés, tenteront sans aucune précaution de les négocier, parleront de l'action commise au premier venu, et parfois même à des gens qu'ils connaissent pour faire partie de la police, ainsi qu'il résulte du témoignage de Vidocq. Ce dernier

(1) On ne peut s'empêcher en lisant ces observations de songer à Louis XI et à l'alliance étrange de terreur religieuse et de férocité qui formait le fond de son caractère.

(2) Que Lombroso regarde comme inférieur à l'homme dans l'échelle générale des êtres. V. Lombroso et Ferrero « *La femme criminelle et la prostituée* » Trad. Meille. Paris, 1896.

prête aux malfaiteurs une stupidité extrême, et attribue les
insuccès des policiers bien plus au hasard qu'à l'habileté de
ceux qu'ils poursuivent.

La paresse intellectuelle et physique .est naturellement un
des vices du monde criminel ; elle aussi vient en aide à la
police par l'esprit de routine et le véritable misonéisme qui
en sont la suite (1). Les diverses classes de malfaiteurs ont
leur méthode, qu'ils répètent à satiété, et que les agents
expérimentés connaissent bien. Leur horreur pour le changement et la nouveauté est telle, qu'on voit l'auteur du crime
revenir se faire prendre sur les lieux mêmes où il l'a commis, et qui sont presque toujours ceux où il fréquente d'ordinaire. Il y a cependant des exceptions, et de loin en loin
on rencontre de vrais malfaiteurs de génie; mais en général les grands crimes, ceux qui sont l'œuvre des criminels-
nés, sont combinés grossièrement et sans ingéniosité.

La faiblesse mentale du criminel ne doit pas être confondue avec la folie ; le fou, d'abord, au lieu d'être paresseux et
apathique, est d'ordinaire en proie à une agitation fébrile, et
d'autre part, ses discours revêtent une forme d'une logique
très serrée (2) : il existe une folie raisonnante ; d'ailleurs les
savants illustres peuvent être souvent considérés comme mo-
nomaniaques. La folie s'accorde avec une certaine valeur intellectuelle, non le crime ; aussi voit-on la criminalité, rare

(1) Le misonéisme (haine de la nouveauté), est certainement aussi
un des traits les plus saillants de la psychologie animale : chez
l'animal en effet la force des habitudes acquises possède une influence prépondérante.

(2) Les fous, selon le philosophe anglais Locke, sont semblables
à ceux qui posent de faux principes, d'après lesquels ils raisonnent
très juste, quoique les conséquences en soient erronées.

chez les savants, bien plus fréquente chez les poètes et les artistes, gens de sentiment et de passion. Folie et crime ne sont donc pas si étroitement liés que le prétendirent par exemple Maudsley et Despine (1). « Ni le criminel ni la prostituée ne doivent être considérés comme des fous, nous dit Lombroso, pour cela seul que l'un se livre au crime et l'autre se plonge dans la débauche ; mais ils n'en ont pas moins en eux quelque chose du fou. A défaut d'autre point de contact ils y touchent, celui-là par son imagination déréglée, celle-ci par sa sotte irritabilité, tous les deux par leur vanité exubérante à laquelle on pourrait appliquer la célèbre expression de M. Taine : *hypertrophie du moi* » (2).

Les manifestations de l'activité extérieure des criminels fournissent à Lombroso matière à observations. Le langage dont ils font ordinairement usage, c'est-à-dire l'argot, dénoterait selon lui une sorte de propension gouailleuse et ironique, une tendance à tourner tout en ridicule, à ne rien traiter sérieusement : la manie des jeux de mots et des calembours, qui dans l'argot se trouvent en grand nombre, devrait donc être regardée comme un symptôme défavorable. Selon notre auteur, ce langage, extrêmement imagé, rempli de métaphores et d'onomatopées, se rapprocherait beaucoup pour la forme et aussi pour les idées des langues sauvages ; là encore il voit une manifestation d'atavisme. L'argot ne serait du

(1) Despine. « *Psychologie naturelle* ». « *Essai sur les facultés intellectuelles et morales dans leur état normal et dans leurs manifestations anormales chez les aliénés et chez les criminels.* » Paris, 1868.

Maudsley. « *Le crime et la folie* ». Paris, 1874.

(2) « *L'Homme criminel* ». T. I, p. 500.

reste autre chose qu'une espèce de langue corporative ; car, remarque-t-il, chaque corporation sociale semble avoir son langage particulier, en quelque sorte technique : les malfaiteurs formant une véritable caste, et une caste qui a le plus grand intérêt à maintenir le secret sur ses affaires, rien d'étonnant à ce que leurs idées trouvent une expression spéciale ; l'argot est pour eux à la fois une protection et un moyen de reconnaissance, une espèce de mot d'ordre : outre l'usage de l'argot, Lombroso relève celui d'un certain nombre de signes symboliques, de figures hiéroglyphiques dont nous avons déjà parlé à propos du tatouage, et trouve encore là un motif de comparaison avec les peuples sauvages, chez qui l'écriture, on le sait, revêt souvent cette forme primitive.

Quant à l'écriture proprement dite des criminels, elle est à son avis significative ; elle affecte presque toujours une forme gladiolée, avec traits épais et aigus, et présente les particularités que les graphologues attribuent à la violence, à l'énergie, età la fierté (barre des *t* forte et prolongée, signature ornée de fleritures et d'arabesques). Cette écriture, assez régulière, ne peut être confondue avec celle des fous, laquelle est d'ordinaire incohérente et bizarre.

Le fond même des écrits des prisonniers révèle cette immense vanité qui a déjà été plus haut signalée. Ce sont la plupart du temps des autobiographies, des mémoires, dans lesquels les moindres détails concernant l'auteur prennent une importance considérable : le tout d'ailleurs sans valeur littéraire et sans originalité, au contraire des productions des fous, qui sont à l'inverse fort originales dans la forme comme pour le fond, souvent aussi éloquentes et passionnées, bien que là également la personnalité de l'écrivain s'affirme avec excès, la préoccupation du « moi » étant la note dominante.

Enfin l'étude de Lombroso sur l' « *Homme criminel* » et ses caractères se termine par une dernière observation qui tend encore à le mettre en parallèle avec l'homme sauvage ; c'est la constatation de l'habileté manuelle dont font preuve beaucoup de malfaiteurs ; autant ils se montrent bornés dans leurs entreprises importantes, dans la préparation du crime, autant ils déploient d'ingéniosité dans les travaux de détail, où le but est restreint et les moyens élémentaires ; ils arrivent dans les prisons à fabriquer avec les matériaux les plus inattendus des instruments d'évasion, et même quelquefois des armes destinées à tirer vengeance de surveillants ou de co-détenus. Il arrive même qu'on rencontre ainsi dans les prisons d'habiles ouvriers, surtout des mécaniciens, qui pourraient être avantageusement employés à des travaux utiles.

La conclusion tirée par Lomboso de cet ensemble d'observations, si elle est par elle-même intéressante à connaître, n'a au fond qu'une importance restreinte au point de vue de la science criminelle proprement dite (1). Aussi n'y consacrerons-nous pas de longs développements. Les symptômes de la criminalité, s'ils diffèrent, comme on l'a vu, des symptômes de la folie intellectuelle, seraient à son avis identiques à ceux que les aliénistes attribuent à cette forme de folie qu'on a appelée « *folie morale* » : les fous moraux aux points de vue physique et psychologique, présentent les

---

(1) Nous ne voulons parler ici que de sa conclusion théorique. Car on sait, et nous verrons bientôt, combien sa doctrine est féconde en résultats pratiques.

mêmes caractères que les criminels-nés. « Une des choses qui prouvent directement l'identité de la folie morale et du crime, et qui en même temps nous expliquent les doutes dont les aliénistes ont été possédés jusqu'à ce jour, est l'extrême rareté de la première dans les hospices d'aliénés, et sa grande fréquence au contraire dans les prisons. » (1) Le crime apparaît comme une manifestation de la folie morale; mais dans tous les cas, fous moraux et criminels appartiennent à une même catégorie, celle de *l'épilepsie :* les criminels pour Lombroso sont en définitive des épileptoïdes.

Entre l'épilepsie et la criminalité, la différence n'est que de degré. « La seule différence... consiste tout simplement en ce que dans la criminalité les centres moteurs ou sensoriels ne sont pas aussi excitables, pendant que cette hyper-excitabilité et le caractère de l'épilepsie et se révèle : avec l'épilepsie convulsive, lorsqu'elle atteint les centres moteurs ; avec l'épilepsie sensorielle, lorsqu'elle atteint les centres sensoriels, etc. » (2) La criminalité est une épilepsie où les centres nerveux supérieurs seuls sont atteints. Même la plupart des criminels par passion. qui apparemment ne présentent aucun signe de folie morale, peuvent être rapprochés de l'épileptique ; car l'épilepsie larvée présente parfois des formes où il y a seulement émotivité exagérée sans penchants mauvais et sans caractères dégénératifs (3).

Bien entendu cette assimilation, que nous constatons ici simplement, est justifiée par Lombroso à l'aide de nombreu-

---

(1) « *L'Homme criminel* », II, p. 3.
(2)   id.   p, 119.
(3)   id.   , p. 121.

ses observations: toutes tendent à faire apercevoir dans l'acte criminel une forme particulière de la décharge épileptique, une décharge localisée et sans phénomènes convulsifs. L'identité d'ailleurs s'explique : fous moraux et épileptiques éprouvent des impulsions irrésistibles; c'est un de leurs caractères distinctifs; leur passion du moment ne possède aucun frein pour résister aux tendances mauvaises auxquelles ils sont en proie comme tous les hommes. « Dans des cerveaux prédisposés par une nutrition imparfaite, par un arrêt de développement qui date de la naissance, il y a toujours un « *locus minoris resistentiæ* », où s'introduit, puis s'enracine et se développe une de ces mille tendances morbides qui se manifestent en chacun de nous à une mauvaise heure du jour, surtout quand nous sommes enfants, et s'évanouissent dans les bonnes natures sous l'influence d'une bonne éducation, mais qui persistent au contraire quand elles rencontrent un organisme qui leur est favorable, et quand on néglige de les combattre. Il arrive donc nécessairement que ces tendances se multiplient tout d'un trait chez des individus qui n'entendent point parler en eux l'amour du prochain, qui sont, au contraire, la proie du plus vif égoïsme, des individus qui ne sentent aucune force agir en sens contraire, qui sont portés au mal par mille mobiles et au bien par aucun (1). »

Du reste la nature épileptique de la folie morale et de la criminalité n'exclut en aucune façon l'atavisme; celui-ci apparaît en effet plus nettement dans l'épilepsie que dans toute autre maladie mentale : les épileptiques présentent de

____

(1) *L'Homme criminel*, 4ᵉ él., p. 642.

véritables caractères de bestialité, cannibalisme, penchant à mordre, etc. Ne voyons-nous pas du reste certains traits distinctifs, la passion de destruction, les emportements de colère, etc., appartenir aussi bien à l'enfant qu'à l'épileptique ?

Somme toute, le criminel est à la fois un homme sauvage et un homme malade, une sorte de monstre pathologique : l'épilepsie est la maladie, l'atavisme le principe de la monstruosité. La thèse de l'atavisme se concilie d'ailleurs avec celle, prônée par d'autres, de la dégénérescence : il y a chez l'homme criminel un arrêt et une asymétrie de développement ; il est resté en quelque sorte dans l'échelle des êtres à un degré plus proche de l'animalité.

La théorie qui précède, tant au point de vue des caractères que de l'étiologie de l'anomalie criminelle, ne trouve sa pleine et entière application qu'en ce qui concerne cette classe d'individus appelés par Lombroso « *criminels-nés* » chez qui la criminalité, l'insociabilité, est l'état naturel et nécessaire. D'après notre auteur, cette catégorie formerait les quarante centièmes du monde criminel.

Cependant, il ne faudrait pas croire que le reste des coupables fussent des délinquants fortuits et simplement volontaires. Les autres formes de crime, qui « ont pour sources la folie, l'occasion, l'alcoolisme, la passion, sont liées plus étroitement aux causes occasionnelles », mais une étude approfondie du sujet permet à notre auteur de reconnaître certains rapports entre le criminel-né et les individus portés au mal par les différents mobiles que nous venons d'énumérer : le délinquant par occasion ou par passion n'est pas lui-même exempt de tares ataviques et de symptômes de dégénérescence.

Tous en effet présentent le trait commun de l'épilepsie à divers degrés: la soudaineté de leurs actes, l'absence fréquente de motifs sérieux, la violence déployée, la force irrésistible qui les entraine, de leur aveu même, sont autant d'éléments qui dénotent l'impulsion épileptique.

Il faut avouer du reste qu'on retrouve chez eux beaucoup des caractères tant physiques que moraux observés chez les criminels-nés, sauf toutefois en ce qui concerne les criminels politiques, lesquels au lieu des malformations caractéristiques de la criminalité commune, ont souvent une régularité de traits remarquables, une véritable beauté de corps et d'âme, suivant l'expression de Lombroso; aussi convient-il de ne pas les confondre avec les autres; ce ne sont pas de vrais criminels, non plus que les coupables de certaines infractions créées en quelque sorte artificiellement par la loi (délits de presse, contraventions fiscales, etc.), ou encore que les délinquants involontaires: il y a là une « pseudo-criminalité », des actes qui tombent sous le coup de la loi, mais qui aux yeux de la science et de l'anthropologie ne sauraient constituer des crimes au sens strict du mot.

Au contraire, quand les fous, les passionnés, les hystériques, les monomanes, les déséquilibrés que Lombroso désigne sous l'appellation de « mattoïdes » se rendent coupables de quelque infraction, il faut les regarder comme de vrais criminels, en ce sens qu'ils présentent une prédisposition naturelle au crime: l'occasion ne fait qu'achever une œuvre déjà commencée par la nature. De même que M. Garofalo, Lombroso rejette d'une manière générale le proverbe : « L'occasion fait le larron », et propose de lui substituer cette autre maxime : « L'occasion fait que le voleur puisse voler ». Tout individu coupable est au moins un « *criminaloïde* » ; s'il n'est pas né pour le crime, pourtant existent chez lui les germes de la criminalité, germes que développent les circonstances extérieures, les mauvais exemples, l'abus de l'alcool, parfois même l'entrainement qui résulte de l'état d'âme particulier aux foules (1) ; le criminaloïde est un simple diminutif du criminel-né, dont il peut d'ailleurs se rapprocher extrêmement, au moins au point de vue psychologique, par la force de l'habitude.

L'occasion, les circonstances extérieures, jouent d'ailleurs un grand rôle, même en ce qui concerne la criminalité innée : nous venons de voir qu'il y a des coupables non criminels, des pseudo-criminels. Il existe à l'inverse, parmi les individus qui n'ont jamais commis d'infractions, des criminels-nés dont l'innocence n'est que l'effet des événements, en particulier de leur position sociale. Lombroso les nomme des « *criminels latents* » ; presque toujours, sans se livrer à des actes punis par la loi ils se montrent cependant lâches et cruels, ou vivent de métiers équivoques. On en trouverait surtout maints échantillons dans le monde de la finance.

En résumé, le caractère de la criminalité résulte non pas précisément des actes commis, mais bien de la constitution particulière de l'individu, dont l'acte n'est que le symptôme ; tous les criminels vrais sont des épileptoïdes, proches de l'état primitif de sauvagerie ou même de l'animalité originaire. Telle est la conclusion de la doctrine Lombrosienne.

(1) V. Sighele « *La foule criminelle* » Paris, 1892.

B. — *MM. Garofalo et Ferri.* — La théorie de Lombroso nous a montré dans le crime une sorte de produit individuel, résultant de la nature tant morale que physique de certains hommes anormalement constitués. Cette idée a été reprise, mais quelque peu modifiée dans ses détails par MM. Garofalo et Ferri.

M. Garofalo constate qu'il est possible, dans une prison, de distinguer les assassins des autres détenus par la simple observation de leur physionomie, et confirme sur ce point les remarques de Lombroso : la longueur excessive de la figure par rapport au crâne et le volume exagéré de la mâchoire inférieure lui paraissent surtout significatifs. Il déclare avoir fait lui-même l'expérience et ne s'être guère trompé « que sept ou huit fois sur cent (1). »

Ainsi les classes de criminels peuvent selon lui se distinguer physiquement entre elles ; il en voit au moins trois types physionomiques : l'assassin, le violent, le voleur. Cependant si l'on compare en masse les prisonniers avec la population libre, on remarquera qu'à la vérité la proportion des anomalies est plus élevée chez les premiers, mais toutefois qu'elle ne dépasse pas 40 ou 50 pour cent (chiffre à peu près reconnu par Lombroso), de sorte que la majeure partie des hôtes des prisons serait exempte de ces anomalies ; d'autre part on retrouverait celles-ci sur un certain nombre de citoyens non criminels. Mais il ne faut pas oublier que la comparaison entre des coupables et les hommes libres ne correspond nullement à une stricte comparaison entre des coupables et des innocents ; d'abord, tous les criminels ne sont pas con-

(1) Garofalo, « *La Criminologie* ». Paris, 1890, p. 75.

damnés, loin de là (soit qu'ils échappent aux recherches, soit que leur crime ait revêtu une forme qui ne tombe pas sous le coup de la loi) et ensuite les prisons renferment des gens qui ne sont pas de véritables criminels (1) qui peuvent même être tout à fait innocents, et condamnés par erreur. Tout ce qu'on doit donc demander à l'anthropologie, c'est de démontrer « que la proportion des anomalies congénitales est plus forte dans un nombre donné de condamnés que dans un nombre égal de non condamnés (2) ». Et précisément c'est ce qui résulte des données actuelles de cette science. Nous avons eu l'occasion de le remarquer en étudiant la doctrine de Lombroso, le type n'est pas toujours quelque chose de fixe et de constant mais au contraire est sujet à une certaine variabilité. «N'en est-il pas de même, dit M. Garofalo, pour les types des nations appartenant à une même grande race ?

Quoiqu'ils ne présentent pas des caractères anatomiques constants, et que partant ce ne soient pas de vrais types anthropologiques, tout le monde les distingue l'un de l'autre: le type italien, par exemple, du type allemand. Mais quel est le vrai trait saillant qui les caractérise, comme ceux qui caractérisent la race nègre ou malaise, ou encore, en Europe, le type finnois et le type basque ? On ne saurait le dire ; c'est l'ensemble de plusieurs traits qui donnent à la physionomie un certain caractère presque indéfinissable, mais qui pourtant permettait de reconnaître et de distinguer un groupe

---

(1) Cette seconde poposition s'expliquera mieux lorsque nous exposerons plus bas la théorie du délit naturel.

(2) Garofalo : *op. cit.*, p. 76.

tant soit peu nombreux d'Allemands d'un groupe à peu près égal de Français, de Slaves et d'Italiens (1). »

Y a-t-il des résultats pratiques à tirer de l'étude anthropologique du criminel? Évidemment le défaut de constance absolue dans les caractères constitue ici un sérieux obstacle; mais il faut remarquer que le nombre et la gravité des anomalies augmentent beaucoup chez les auteurs des crimes les plus atroces : si la criminalité ordinaire et commune ne peut que difficilement être diagnostiquée, la grande criminalité offrirait dans sa détermination beaucoup moins d'incertitude ; toutefois il faut avouer que l'anthropologie ne saurait encore fournir un solide et unique criterium. D'ailleurs l'imprécision actuelle dans les conséquences pratiques ne doit pas faire abandonner son étude.

L'anomalie physique du criminel s'accompagne selon M. Garofalo comme d'après Lombroso d'importantes anomalies morales. Le criminel possède son type psychique particulier. « Je pense que l'anomalie psychique existe, à un degré plus ou moins grand, chez *tous* ceux que, d'après ma définition (2), on peut appeler criminels, *même* lorsqu'il s'agit de ces sortes de délits qu'on attribue généralement aux conditions locales, ou à certaines habitudes : climat, température, boisson; *même* lorsqu'il s'agit de crimes dérivant de certains préjugés de race, de classe ou de caste, de crimes pour ainsi dire *endémiques.* Cette anomalie psychique est sans doute fondée sur une déviation organique, mais peu importe que cette dernière ne soit pas visible ou

(1) Garofalo : *op. cit.*, p. 80.
(2) V. plus bas la définition du délit naturel.

que la science ne soit pas encore parvenue à la déterminer
avec précision (1). » L'insensibilité, l'absence de sens moral
et de remords, la légèreté d'esprit, l'imprudence et l'imprévoyance, la vanité et la susceptibilité extrême, enfin cet ensemble d c traits que fixa Lombroso apparaissent d'une manière frappante à tous ceux qui, doués de quelque esprit
d'observation, ont eu l'occasion d'approcher et de bien
connaître les hôtes des prisons (2). L'hérédité selon M. Garofalo joue un grand rôle dans l'étiologie de ces caractères;
c'est là à son avis, la raison de l'antique conception religieuse, qui soumet au châtiment et à la malédiction le coupable et sa descendance.

Le criminel selon M. Garofalo, est donc un être anormal.
Mais ne peut-on préciser son anomalie, la classer exactement? C'est ce qu'a tenté de faire l'auteur de *La Criminologie*. Pour y parvenir, il a d'abord donné une définition du
fait délictueux, et, après en avoir fixé les caractères, a pu
déterminer ceux du délinquant.

Les différentes définitions qu'on a données du délit paraissent toutes à M. Garofalo insuffisantes et arbitraires; l'idée
du délit n'est pas un de ces concepts artificiels qui dépen-
dent du législateur et peuvent être créés ou modifiés par lui.
Le délit préexiste à la loi, il est en rapport avec l'organisation même de la société humaine: il y a un *délit naturel*.
Si l'on n'a jamais pu en dégager la notion, c'est qu'on a toujours voulu voir dans le délit l'action, le fait commis : et

(1) Garof. *op. cit.*, p. 85.
(2) V. l'abbé Moreau. *« Le monde des prisons »*. Paris, 1887 et
Dostoïevsky *« Souvenirs de la maison des morts »*. Paris 1886.

effectivement si l'on s'engage dans cette voie, on ne peut arriver à trouver un seul fait qui, dans tous les temps et chez tous les peuples ait été universellement regardé comme blâmable et digne de répression. Aussi faut-il changer de méthode et abandonner l'analyse des actions: le crime pour M. Garofalo doit être considéré comme la *violation de certains sentiments ;* voilà le nouveau criterium, celui qui nous conduira à une conception générale et universelle. « Ce qu'il s'agit de découvrir, c'est si malgré l'inconstance des émotions excitées par certains actes *différemment appréciés* par les différentes agrégations, il n'y a pas un caractère constant dans les émotions provoquées par les actes qui sont *appréciés d'une manière identique*, ce qui impliquerait alors une différence dans la forme, non dans le fond de la morale (1). »

Si l'on met de côté l'homme préhistorique et l'homme sauvage, pour s'en tenir à l'observation de l'homme civilisé, on s'aperçoit que chez tous les peuples, même arrivés seulement à un degré élémentaire de civilisation, existe une faculté spéciale, la faculté de discerner ce qui est mal et ce qui est bien, le sens moral. Que ce sens moral ait son origine dans des considérations d'utilité pure, comme le veut Bentham, ou qu'il dérive d'une loi supérieure, selon la doctrine de Kant, ou enfin qu'il soit un reste des primitifs instincts de sympathie, suivant les théories évolutionnistes de Darwin et de Spencer, qui sont adoptées par M. Garofalo, il existe, c'est là un fait constant. Il existe, il est vrai, à divers degrés ; les uns pratiquent une morale délicate et

(1) Garofalo, *op. cit.*, p. 5.

raffinée, d'autres se contentent de quelques principes grossiers. Mais il est possible de dégager une certaine *conception moyenne*, tenant le milieu entre l'extrême scrupule et le sens moral rudimentaire. « On pourra distinguer (par suite de l'évolution) *dans chaque sentiment moral des couches superposées* qui rendent ce sentiment toujours plus délicat; de sorte qu'en le dégageant de ses parties superficielles, on en découvrira la partie *vraiment substantielle et identique* dans tous les hommes de *notre temps* et de *notre race*, ou d'autres races *pas trop dissemblables de la nôtre* au point de vue psychique. C'est ainsi que tout en renonçant à l'idée de l'universalité absolue de la morale, nous pourrons parvenir à déterminer l'identité de certains instincts moraux dans une très vaste région du règne humain (1) ».

Quels sont les sentiments qui forment cette sorte de fonds commun, cette espèce de substratum de toute morale? Il faut certainement écarter le patriotisme, dont la méconnaissance est l'indice d'un mauvais citoyen, non d'un méchant homme. Le sentiment religieux fait aujourd'hui l'objet de discussions telles, qu'il n'est plus permis d'en faire comme aux siècles passés la base de l'éthique. Le sentiment de la pudeur est d'une extrême variabilité; de même la chasteté n'est guère qu'une vertu de parade : ce sont là des sentiments artificiels et conventionnels. Le sentiment de l'honneur est le moins défini et le plus vague de tous.

Il faut chercher notre solution dans les sentiments auxquels l'école évolutionniste impose l'appellation collective *d'altruisme*, c'est-à-dire les sentiments qui ont pour objet

(1) Garof. *op. cit.* p. 15.

direct l'intérêt d'autrui, bien qu'indirectement les actes qui en sont la suite puissent tourner à notre propre avantage. Ces sentiments sont universels, quoiqu'on les trouve chez les différents peuples à des degrés fort variables. Nés de l'égoïsme primitif par un lent et primitif transformisme qui de l'instinct de conservation individuelle fit une tendance à la défense commune des groupements originaires, de la famille, puis de la tribu, peu à peu ils se sont élargis, ont donné naissance à la sympathie entre individus de la même contrée, puis de la même race, et enfin ont atteint un développement extrême, ont embrassé dans l'amour fraternel l'humanité tout entière. On peut les distribuer en deux catégories, en deux types généraux : l'instinct de la *bienveillance* et celui de la *justice*.

L'instinct de la bienveillance ne se trouve à son plus haut degré de développement que chez des natures exceptionnelles. La bienfaisance, la générosité, le dévouement pour autrui poussé jusqu'au sacrifice sont des qualités assez rares. « La masse est composée de personnes qui, sans faire aucun effort ni s'imposer aucun sacrifice pour augmenter le bonheur et diminuer les malheurs des autres, ne veulent pas être la cause d'une souffrance. Elles sauront réprimer tous les actes volontaires qui produisent une douleur à leurs semblables (1) ». Ce sentiment ainsi éprouvé d'ordinaire par l'homme, M. Garofalo le désigne sous le nom de *pitié* ou *humanité*. Il est lui-même susceptible de degrés : ainsi les uns éprouveront de la répugnance pour les actes qui infligent une douleur physique, d'autres pour les actes qui causent une douleur morale ; d'autres se sentiront entraînés

(1) Garof. *op. cit.*, p. 24.

à adoucir les malheurs dont ils seront témoins ; les deux premières formes de la pitié en quelque sorte négative, se trouvent seules d'une façon suffisamment constante chez les nations civilisées pour qu'on puisse regarder leur violation comme un criterium offrant un caractère d'universalité : et c'est en effet là que M. Garofalo aperçoit le fondement de la criminalité ; la violation du sentiment de pitié dans sa forme élémentaire et négative, pourvu qu'elle soit nuisible à la communauté (il faut donc faire exception pour la guerre ou les pratiques chirurgicales par exemple) constitue une première branche du *délit naturel*.

La deuxième consistera dans la violation du sentiment de *justice ;* là encore il ne faut pas se représenter ce sentiment sous une apparence élevée, d'extrême délicatesse ; le sentiment moyen de justice sera la répugnance à s'emparer par tromperie ou par violence de ce qui ne vous appartient pas: M. Garofalo désigne du nom de *probité* le sentiment de justice sous cette forme élémentaire.

Ainsi donc, pour qu'un acte nuisible soit considéré comme criminel par l'opinion populaire, il faut qu'il lèse « cette partie du sens moral qui consiste dans les sentiments altruistes fondamentaux, c'est-à-dire la pitié et la probité, » et ce dans leur mesure moyenne : telle est la notion du délit naturel. Il ne suffit pas de dire comme beaucoup l'on fait que le délit est un acte à la fois nuisible et immoral ; pour qu'il y ait vraiment délit, il faut quelque chose de plus : une espèce déterminée d'immoralité (1).

(1) Conséquence très grave de cette théorie reconnue par l'auteur lui-même : c'est que les crimes politiques ne peuvent être considérés comme de véritables crimes. Ils constituent, il est vrai,

Les actions délictuelles se classeront naturellement en deux catégories, suivant qu'elles lèsent l'un ou l'autre des sentiments dont il vient d'être question. On peut citer parmi les actes contraires au sentiment de pitié l'attaque à la vie des personnes, les blessures, mutilations, mauvais traitements, l'emploi d'enfants à des travaux excessifs ou malsains, la séquestration de personnes, le rapt et la violence enfin les actes qui causent *directement* une douleur morale, comme la calomnie, la diffamation, etc., et parmi les actes contraires à la probité les agressions violentes à la propriété, comme le vol, l'extorsion, la dévastation, l'incendie, puis les attaques sans violence, mais par abus de confiance, telles que l'escroquerie, l'infidélité, la banqueroute, les diverses sortes de contrefaçons, enfin le faux sous toutes ses formes, etc.

Quant aux criminels eux-mêmes, on distinguera ceux qui manquent de pitié, ceux auxquels fait défaut la probité, et enfin ceux qui n'ont aucun de ces deux sentiments, qui manquent totalement d'altruisme, qui sont capables à la fois de tuer et de voler. Ces derniers sont pour M. Garofalo les criminels typiques, mais même les autres, même ceux qui ne commettent que des délits peu graves ou par occasion, sont des anormaux ; il est vrai que leur anomalie n'est pas la seule cause du fait par eux commis ; des influences de milieu, d'éducation, etc., peuvent s'y joindre, comme nous le verrons ; mais l'anomalie n'en existe pas moins. La grande

des actes dangereux pour l'Etat, qui en conséquence les réprimera énergiquement ; mais ce ne sont pas des délits naturels, à moins toutefois qu'ils ne s'accompagnent de meurtres, explosions, etc., c'est-à-dire de violations du sentiment de pitié qui leur donneront le vrai caractère criminel.

importance qu'il y a à distinguer si le criminel est porté inévitablement au crime par sa seule nature, par son organisation physique et morale, ou s'il requiert en plus certaines influences extérieures, c'est que dans le second cas on peut évidemment concevoir quelques espérances d'adaptation, en modifiant les circonstances génératrices de l'action malfaisante, au lieu que dans le premier l'adaptation est impossible ; la société ne peut que prendre des mesures d'élimination.

D'ailleurs *anomalie* ne signifie pas *infirmité* ; l'absence ou la perversité de l'instinct moral, qui constituent la criminalité, doivent être distinguées de certains états pathologiques : imbécillité, folie, etc. Même la théorie de Lombroso, celle de la folie morale, doit être laissée de côté ; l'anomalie criminelle ne mérite sous aucun rapport l'appellation de folie ; car cette dernière expression désigne uniquement l'aliénation mentale, et le criminel n'est pas un aliéné ; son intelligence peut être parfaitement intacte. On rencontre, il est vrai, souvent, chez les auteurs de crimes atroces, un véritable état pathologique, quelque névrose, ou même une forme quelconque d'aliénation ; mais le fait n'est pas constant, et les facultés d'idéation ne sont pas toujours troublées. Il faut simplement se représenter l'anomalie criminelle comme une déviation du type « *homme civilisé* ».

Quelle est l'origine de cette anomalie ? Est-ce l'atavisme ou la dégénérescence ? Il est certain qu'il existe de grands rapports entre le criminel et le sauvage, qui lui-même peut être considéré comme représentant assez bien l'homme primitif. Les études de Lombroso à cet égard, et sa comparaison entre le criminel et l'enfant semblent concluantes à

M. Garofalo. Mais il y a des traits atypiques qu'on ne saurait attribuer à l'atavisme, et qui s'expliquent mieux par la dégénérescence ; le perfectionnement par la sélection naturelle est une loi qui ne s'applique pas strictement, surtout à l'humanité. Les unions entre individus faibles, ignorants, démoralisés, alcooliques, peuvent donner lieu à une véritable *sélection à rebours*, « constituer une vraie race de qualité inférieure ». Quoi qu'il en soit, et sans vouloir faire une délimitation exacte entre les deux facteurs, « le criminel typique est un monstre dans l'ordre moral, ayant des caractères communs avec les sauvages, et d'autres caractères qui le rabaissent encore au-dessous de l'humanité (1). »

Les caractères psychologiques paraissent également à M. Enrico Ferri très importants à rechercher pour l'étude de l'anomalie criminelle ; il observe d'ailleurs avec juste raison que, contrairement aux affirmations de certains critiques, le fondateur de l'Ecole Italienne est loin d'avoir négligé ces caractères, surtout dans les dernières éditions de son livre. Sur les particularités de la psychologie criminelle, M. Ferri se déclare d'accord avec Lombroso ; pour lui elles se ramènent à deux principes fondamentaux : l'insensibilité morale et l'imprévoyance. Du reste il admet également l'existence des anomalies physiques, dont l'ensemble permet de dégager un *type criminel.*

Sur ce point donc, l'accord est complet entre les trois criminalistes dont nous étudions les théories : l' « homme criminel » forme un groupe délimité, comme une société dans l'espèce humaine. Il offre des caractères particuliers en assez

(1) Garof. *op. cit.* p. 123.

grand nombre, et à défaut de constance absolue, avec une fréquence suffisante pour qu'on soit en droit de parler de « *type* » spécial. Mais si cette conformation anormale est à la base même de la criminalité dont elle constitue la condition indispensable, en doit-elle être considérée comme le seul et unique facteur? Si elle est raison nécessaire, est-elle toujours raison suffisante ? C'est la question que nous allons maintenant examiner.

§ 2. — Les éléments sociologiques du crime.

D'après M. Ferri, le crime se produit sous une triple influence : celle des caractères individuels du délinquant, celle du milieu physique, celle du milieu social. Nous avons déjà eu l'occasion de signaler cette théorie. Reprenons-la plus en détail :

A. — Les facteurs individuels de la criminalité, que M. Ferri désigne sous le nom de facteurs *anthropologiques*, peuvent être rangés en trois catégories :

1° Constitution organique du criminel, (anomalies somatiques, parmi lesquelles il faut comprendre les particularités de la physionomie, le tatouage, etc).

2° Constitution psychique (anomalies intellectuelles et morales : observations sur la littérature criminelle, l'argot, etc.).

3° Caractères personnels du criminel, (race, âge, sexe, état-civil, profession, classe sociale, etc.).

Ces divers éléments sont ceux que nous avons déjà étudiés; nous n'avons pas à y revenir.

B. — Les facteurs physiques du crime. — Ce seraient le climat, la nature du sol, la périodicité diurne et nocturne,

les saisons, la température annuelle, les conditions météori-
ques, la production agricole.

Nous avons déjà remarqué que ces divers éléments pou-
vaient, comme l'a proposé M. Tarde, se répartir dans les
deux autres catégories; pour simplifier nos explications,
nous ne ferons donc pas de paragraphe spécial.

C. — Enfin les facteurs sociaux du crime sont ceux dont
nous avons maintenant à nous occuper. Que le milieu social
doive exercer une certaine influence sur le nombre et surtout sur la forme du délit, le fait est à peu près incontestable. Mais, comme beaucoup de vérités évidentes, celle-ci,
qui réunit tous les suffrages, devient extrêmement obscure
lorsqu'il s'agit d'en tirer des conclusions et de la développer.
Les variations de milieu vont avoir une influence importante
sur la criminalité: soit, mais laquelle? Ici la question donne
lieu à des discussions passionnées, où la civilisation, la richesse, la misère, l'éducation, enfin tous les éléments que
comprend en sa synthèse la notion d'état social, sont tour à
tour regardés par les uns comme des producteurs de crimes, par les autres comme des principes de vertu.

Les rapports de la civilisation avec la criminalité sont
par exemple l'objet des interprétations les plus diverses,
« depuis le parallélisme de la civilisation croissante avec
l'augmentation du crime, jusqu'à l'atténuation seulement relative de la criminalité, par la substitution de la fraude à la
violence, et même jusqu'à la disparition absolue de toute
criminalité par une métamorphose essentielle de la société (1). » Pour M. Ferri, la civilisation exercerait sur le

____

(1) Ferri. *La sociologie criminelle*, Paris, 1893, p. 142.

délit une action principalement transformatrice : par exemple les homicides décroîtraient et inversement les suicides augmenteraient (1). Mais on peut dire aussi qu'elle tend à en diminuer le nombre ; car le crime est un reste atavique des époques sauvages de l'humanité, et la marche civilisatrice libère peu à peu celle-ci de ses tares originelles. Cependant le crime augmente en fait, comme les statistiques le prouvent ; dans toute l'Europe civilisée, il a suivi depuis le commencement du siècle une marche ascendante ; c'est qu'il faut tenir compte de l'accroissement de la population, qui doit évide ment faire monter dans une certaine proportion le nombre des crimes ; c'est qu'il faut envisager également l'augmentation des richesses, qui multiplie les occasions, et enfin ne pas oublier non plus ce fait, que les lois nouvelles ont créé un certain nombre de délits (2). Ce sont là des éléments indépendants de la civilisation, et dont l'influence ne doit pas être confondue avec la sienne.

De même M. Garofalo voit dans le progrès et la civilisation une cause de moralisation progressive : l'accroissement de l'activité et des relations offre un plus vaste champ aux efforts de chacun et doit leur permettre de se diriger dans un sens honnête. L'augmentation d'une activité quelconque

(1) Ferri. *Omicidio-suicidio*, 2ᵉ éd., p. 112.

(2) Ces idées ont été poussées à l'extrême par M. Poletti, qui voit une loi normale de parallélisme quasi-mathématique entre l'activité de la civilisation productrice (dans l'ordre économique, juridique, etc.) et celle de la criminalité, puis, essayant de prouver par la statistique que la première a augmenté au cours du siècle dans une proportion plus forte que la seconde, en tire des conclusions d'un optimisme absolu. V. Poletti : *Il sentimento nella scienza del diritto penale*. Udine, 1882, p. 79-80).

ne saurait avoir forcément pour conséquence comme le veut M. Poletti l'augmentation proportionnelle des abus qui se trouvent en relation avec elle ; par exemple, comme le fait observer M. Block (1), la multiplication du nombre des lettres mises à la poste à la suite d'abaissements de tarifs n'accroît pas proportionnellement le nombre de celles que l'administration doit jeter au rebut faute de pouvoir les remettre à leurs destinataires, ou même de celles qui se trouvent accidentellement égarées. La civilisation, pour M. Garofalo, ne doit donc pas être accusée de favoriser le crime ; mais, comme M. Ferri, il est d'avis qu'elle peut en changer la forme : le crime devient plus savant, plus industrieux, il s'adapte aux progrès de la science. D'ailleurs, sur ce point encore, son accroissement est enrayé, car la science, si elle met de nouveaux moyens à la disposition du criminel, fournit aussi de nouvelles méthodes à ceux qui sont chargés de le combattre.

D'une manière générale, d'après M. Ferri, les grandes variations du milieu physique ou économique influent d'une façon opposée sur les crimes contre les personnes et sur ceux contre les biens. Ainsi les statistiques lui permettent de constater que les premiers ont éprouvé une remarquable augmentation pendant les révolutions politiques, et aussi dans les années de grande abondance, où la consommation de la viande, des céréales, et principalement du vin, a été plus considérable, enfin dans les périodes estivales d'exceptionnelle chaleur. Au contraire on voit les délits contre les propriétés subir une recrudescence lorsque règne la misère,

(1) Block. *Statistique de la France comparée avec les divers pays de l'Europe.*

lorsque la température est rigoureuse, quand la disette élève
le prix des subsistances, et aux époques de crises industrielles, commerciales et financières. Cette différence s'explique aisément, puisque ces délits reconnaissent pour cause le besoin, tandis que les premiers au contraire ont dans
la plupart des cas leur source dans les passions violentes
que surexcitent en quelque sorte la surabondance des vivres,
l'alcoolisme, et l'élévation de la température. Pour les mêmes
raisons, on verrait les crimes de sang plus nombreux dans
les climats chauds.

Il ne faut pas s'exagérer l'influence de la misère sur la
criminalité. Assurément elle joue un certain rôle, et nous
venons de le reconnaître, mais elle est loin d'avoir l'importance que lui ont attribuée les socialistes. Ceux-ci voudraient
en faire le facteur presque unique du crime, et supprimer
celui-ci par la simple application des remèdes qu'ils proposent contre elle. C'est là une illusion. Le crime, nous le
savons, est le résultat de causes complexes, et ne peut être
regardé comme exclusivement lié aux conditions du milieu
extérieur. Autrement, comment expliquer que, dans un même
milieu social, dans des circonstances identiques de pauvreté
ou d'ignorance, on voie un certain nombre d'individus rester honnêtes, d'autres commettre des crimes graves, d'autres adopter un genre de vie antisocial, mais non dangereux
par lui-même, comme le vagabondage ou la mendicité,
d'autres enfin préférer au crime le suicide? Evidemment la
seule action des circonstances externes ne saurait être raison suffisante, et il faut y ajouter l'action des caractères
particuliers, individuels, de la constitution interne. La
misère, pas plus d'ailleurs que le luxe, n'a en notre matière

une influence prépondérante ; tout au plus, joue-t-elle le rôle de cause occasionnelle.

M. Garofalo remarque à ce sujet que l'extrême dénuement, la privation complète de toutes ressources, est somme toute un fait assez rare dans les sociétés actuelles, et un fait qui d'ordinaire n'engendre pas de véritables crimes, mais bien la mendicité ; et quand bien même, dit-il, un individu mourant de faim se serait emparé d'un morceau de pain pour soutenir ses forces, il n'y aurait pas là un crime au sens propre du mot, et l'auteur d'une semblable action ne doit pas être considéré comme un délinquant (1). La misère lui semble être quelque chose d'assez relatif, et en rapport avec les diverses situations sociales ; elle doit se mesurer sur l'étendue des désirs de chacun, et ces désirs varient évidemment avec la condition de l'individu. « Celui qui travaille pour un salaire se sent pauvre par rapport à son maître, le petit propriétaire par rapport au grand propriétaire, le simple employé par rapport à son chef de bureau. » (2)

(1) Cette théorie n'est peut-être pas loin de passer dans la pratique : un jugement du Tribunal de Château-Thierry, en date du 4 mars 1898 (Sirey, 99, II, 1) a acquitté une femme qui par nécessité absolue avait dérobé un pain chez un boulanger et un autre jugement du même Tribunal, en date du 20 janvier 1899 (*La Loi*, n° du 4 fév. 99) a de même renvoyé des fins de la plainte un prévenu que l'extrême misère avait poussé à la mendicité. Nous citons ces deux décisions à un double point de vue : d'abord pour rendre hommage aux principes qui les ont inspirées, et qui nous semblent tirés d'une juste et exacte notion de la responsabilité sociale, — et ensuite parce qu'elles représentent à nos yeux un parfait exemple d'application de la politique criminelle guidée par des conceptions purement utilitaires : on peut voir une fois de plus que l'utilitarisme en droit pénal n'est nullement une source d'inhumanité.

(2) Garofalo. « *La criminologie* », p. 170.

Ainsi donc, le sentiment de cupidité, excité par l'infériorité comparative, peut se retrouver avec les mêmes caractères aux différents degrés de l'échelle sociale, et ce n'est pas la *situation économique* de l'individu qui peut le pousser au crime, mais bien ici encore sa *condition psychologique* spéciale, l'envie développée en lui par le spectacle du bien-être ou même du luxe qu'il aperçoit comme au-dessus de lui, et auxquels il aspire. « Il est bien vrai que le vol, qui est la manière la plus grossière d'attenter à la propriété, est répandu sur une grande échelle parmi les classes les plus infimes de la société ; mais il est contre-balancé par les faux, par les banqueroutes, par les concussions des classes supérieures. » La disparition de la misère est donc pour M. Garofalo un remède assez utopique du mal criminel, et l'extinction du paupérisme n'aurait pas à ce point de vue les résultats immenses que certains en attendent. Il faudrait arriver à l'égalité complète (ce qui apparaît comme impraticable), car tant qu'il subsistera des causes d'inégalité, l'ambition naturelle à l'homme portera les inférieurs à se considérer comme malheureux. Au lieu du *prolétariat,* dont parlent les socialistes, il faudrait parler du *malaise économique* dans l'étiologie du crime.

Encore ne doit-il être question en cette matière que des crimes contre les propriétés. Quoi que prétende également le socialisme, les crimes de sang ne reconnaissent aucune relation avec la misère économique : la répulsion au meurtre est la même dans les classes inférieures que dans les autres, car ce sentiment est tout à fait élémentaire ; c'est un instinct moral dont l'existence n'est nullement liée à l'éducation, et dont par conséquent le défaut de culture intellec-

tuelle, résultat de la misère, ne doit pas entraîner l'atrophie
et la disparition. Ce qui est vrai, c'est que les variations
dans la répartition de la richesse influent sur la forme du
crime, comme l'a montré M. Ferri ; elles n'augmentent ni ne
diminuent la criminalité ; elles en changent les manifestations, y produisent des sortes de fluctuations comparables
aux marées, qui impriment aux eaux de l'océan des mouvements considérables, mais sans les faire varier en quantité (1).

La conclusion qui se dégage de ces observations de
MM. Garofalo et Ferri, c'est qu'on ne peut guère déterminer d'une manière absolue l'influence des grands facteurs
sociaux sur la criminalité. On peut les cataloguer en quelque sorte comme on le fait pour les caractères anthropologiques du criminel ; la société est un tout tellement complexe qu'il est impossible d'arriver à des conclusions générales, et qu'il faut se borner à étudier les cas particuliers :
chaque espèce de crime participera d'une manière différente à la causalité sociale, et nous allons trouver bientôt
une étude approfondie de M. Ferri à ce sujet, en recherchant les remèdes sociaux les mieux appropriés au combat
contre le crime.

Dans tous les cas, et quoiqu'on ne puisse pas sur l'effet
des différents milieux poser des règles générales, on peut
affirmer que l'influence de ce milieu se produit sous la loi
d'un déterminisme absolu. Le crime n'a rien de contingent,
ce n'est en aucune façon un évènement de hasard. « Le
niveau de la criminalité, dit M. Ferri, est déterminé... par

(1) Ferri « *Sociol. crim.* », p. 189.

les différentes conditions du milieu physique et social, combinées avec les tendances héréditaires et les impulsions occasionnelles des individus, suivant une loi que, par analogie avec les données de la chimie, j'ai appelée de *saturation criminelle*. De même que dans tel volume d'eau, à une température donnée, on a la solution d'une quantité fixe de substance chimique, pas un atome de plus, pas un atome de moins; de même, dans tel milieu social, dans des conditions individuelles et physiques déterminées, on a l'exécution d'un nombre donné de crimes, pas un de plus, pas un de moins (1) ». La vérification expérimentale de cette loi n'est pas naturellement possible d'une façon complète, à cause de notre ignorance des innombrables conditions de fait qui gouvernent les évènements. Mais on peut remarquer à l'appui de cette hypothèse, que les espèces de crimes dont le milieu spécial est le moins sujet à varier présentent également dans l'histoire les moindres oscillations : tels sont les crimes contre les personnes, qui se commettent surtout sous l'empire de tendances individuelles ; leur périodicité est assez régulière, et n'est guère troublée que par les grandes perturbations d'ordre météorique (chaleurs exceptionnelles) ou sociales (années d'abondance). Les délits contre les biens éprouvent au contraire des fluctuations fort importantes, les influences sociales sous lesquelles ils se produisent étant d'une grande variabilité : les statistiques criminelles et les statistiques commerciales, financières, industrielles, etc., montrent des mouvements et des crises parallèles.

M. Ferri pousse même plus loin la comparaison entre la

---

(1) Ferri. *Sociol. crim.*, p. 179.

chimie et la sociologie. « De même que, dans la chimie, on a, par augmentation de la température du milieu liquide, une exceptionnelle sur-saturation ; ainsi dans la sociologie criminelle, outre la saturation ordinaire, on observe quelquefois une vraie *sur-saturation criminelle*, par les conditions exceptionnelles du milieu social ». C'est que le crime lui-même joue parfois le rôle de cause productrice, par rapport à d'autres crimes ; et la crise exceptionnelle, par l'ondée criminelle qu'elle provoque, pour employer l'expression même de M. Ferri, détermine indirectement toute une série de délits secondaires auxquels ce flux sert d'occasion. Il y a là un phénomène de criminalité *réflexe*, qui à son tour et suivant une sorte de répercussion, peut devenir cause déterminante. « L'accroissement des crimes plus graves ou plus fréquents entraine avec lui une augmentation de rébellions et outrages aux fonctionnaires publics, de faux-témoignages, injures, infractions au ban de surveillance, évasions, etc. Et certains crimes ou délits ont aussi leurs délits *complémentaires*, qui, après en avoir été la conséquence, en deviennent la cause : ainsi avec les vols augmentent le récèlement et l'achat de choses volées ; avec les meurtres et blessures le port abusif d'armes ; avec les adultères et les injures, le duel, etc. Et vice versa (1) ».

Nous connaissons maintenant dans leur ensemble les principes qui, selon l'Ecole Italienne, doivent guider la science criminelle moderne, les idées qui doivent donner au combat contre le crime une efficacité nouvelle, et remplacer les notions classiques du libre-arbitre et de la dignité humaine.

____

(1) Ferri « *Sociol. crim.* » p. 181.

Mais avant de passer à la mise en pratique des conceptions ainsi dégagées, c'est-à-dire à l'étude des moyens appropriés à la lutte contre le mal social, des règles de la politique criminelle, il serait bon de résoudre une question qui s'impose et dont l'examen doit forcément trouver place dans l'exposé de doctrines qui veulent faire de l' « homme criminel » un être anormal, une sorte de race spéciale.

Comment peut-on soutenir l'existence d'une semblable catégorie, et lui attribuer des caractères constants, alors que le crime lui-même est chose extrèmement variable ? Ce qui est considéré comme délictuel dans un pays ou à une époque donnée ne l'est pas chez telle autre nation ou à telle autre époque. Les adversaires des criminalistes Italiens leur lancent comme trait suprème le mot de Pascal : « Vérité en deçà des Pyrénées, erreur au-delà ». Si le crime varie, comment le criminel peut-il rester semblable à lui-même, à l'abri du changement ?

Il ne s'agit que de s'entendre sur la conception même du délit. Le délit, pour l'Ecole Italienne, ce n'est pas simplement ce qui est défendu par la loi et doit par conséquent en subir les vicissitudes et en partager le caractère inconstant, il y a des délits naturels, ainsi que nous l'a appris M. Garofalo. Il existe des faits qui par eux-mêmes et indépendamment de la loi se trouvent en contradiction avec les conditions essentielles de subsistance de la société. M. Garofalo les range en deux catégories : atteintes au sentiment de la pitié et atteintes au sentiment de la probité ; disons simplement que ce sont les attaques injustifiées contre la vie et les biens d'autrui. Il faut se figurer le crime comme un fait anti-social d'une certaine gravité, et non pas comme la simple contravention à des lois particulières. « Bien des auteurs de crimes punis par la loi, dit M. Ferri, ne sont pas l'objet direct de l'anthropologie criminelle, qui peut étudier les *pseudo-criminels* seulement pour confirmer négativement ses études sur les vrais criminels. L'homicide par excès de défense légitime, le duel, l'infanticide par cause d'honneur, le vol par faim, la diffamation de bonne foi par amour de justice, etc., n'entrent pas dans le cadre de l'anthropologie criminelle ; tandis que celle-ci confirme ses observations même sur des individus qui ne commettent pas des violations ouvertes du Code pénal, mais qui sont toutefois de vrais anti-sociaux, car ils savent assouvir leurs instincts criminels par des actions quelquefois plus honteuses ou féroces que certains crimes ou délits. Et cette observation doit être rappelée à ceux qui nous opposent que les caractères criminels se trouvent aussi chez d'honnêtes gens, car il y a la criminalité légale et apparente, mais il y a aussi la criminalité sociale et latente des soi-disant « honnêtes gens » (1).

On ne peut du reste concevoir d'action ayant vraiment un caractère délictuel, qu'on y prenne garde, que dans une société arrivée à un certain point de civilisation : que chez des peuples sauvages l'action que nous regardons comme criminelle ne soit pas envisagée à ce point de vue, c'est là un fait contingent et sans importance. Elle n'en existe pas moins avec ses caractères particuliers, et notamment celui de ne pouvoir être commise que par des individus spécialement organisés; le sauvage meurtrier n'est pas regardé comme un criminel par ses congénères : en quoi ce fait

____

(1) Ferri : « *Sociol. crim.* », p. 41.

pourrait-il l'empêcher d'offrir des ressemblances avec un meurtrier européen? Le meurtre, légal ou non, est toujours un meurtre, et il n'y a nulle contradiction à concevoir des affinités entre ceux qui le commettent.

Ainsi donc il faut, pour apprécier le crime, faire abstraction de sa qualification légale ; c'est un acte qui se trouve naturellement anti-civilisé, ce qui revient à peu près à dire anti-social. Mais cette antisocialité n'est qu'un caractère secondaire, bien que très important à constater: il n'atteint pas l'essence même de l'action, pour ainsi dire ; cette action, il faut la considérer en soi ; elle est un produit de nos instincts égoïstes et anti-altruistes. L'idée de Lombroso et de son école consiste simplement à poser en principe que certains hommes sont irrésistiblement portés à la commettre, et, ces hommes, à tenter de les reconnaitre et de les spécifier.

M. Ferri, du reste, ajoute une autre observation : il insiste beaucoup, nous le savons, sur les facteurs sociologiques du crime, et il remarque que les crimes les plus variables sont précisément ceux sur lesquels les facteurs sociologiques ont une influence prépondérante au détriment des autres facteurs. Par conséquent les auteurs des crimes les plus sujets à la variabilité législative doivent présenter des anomalies anthropologiques moins importantes et moins profondes, les véritables et complètes anomalies se rencontrant surtout chez les auteurs des actes dont le caractère criminel est le plus constamment reconnu. De plus le fait même de se mettre en contravention avec la loi constitue précisément à son avis un des caractères de l'espèce criminelle : changeons la loi, ce seront encore les mêmes individus qui

controviendront à ses prescriptions nouvelles, car «le milieu
social donne la forme du crime ; mais celui-ci a sa source
dans une constitution biologique antisociale (1). »

Section II

La défense sociale.

§ 1. — Les principes et le but de la défense sociale.

Les systèmes classiques ou éclectiques justifient le droit de
punir par l'idée de responsabilité morale fondée sur celle de
libre-arbitre. Pour l'Ecole Italienne, qui n'admet pas la
notion de crime volontaire et libre, l'explication du droit de
punir par la responsabilité individuelle n'est plus qu'une
formule vide de sens. A vrai dire il n'y a plus de peine, au
sens véritable du mot : c'est à la conception même de « *pénalité* » qu'on s'attaque; l'intervention sociale n'est plus
qu'une réaction naturelle, l'exercice de cette fonction défensive que l'on retrouve chez tout organisme vivant.

La liberté morale est, d'après M. Ferri, une pure illusion
en général; mais en particulier, il lui semble à la fois dangereux et absurde d'en faire la base des théories pénales; le
danger est évident, puisqu'on fait reposer le pouvoir de
porter atteinte aux droits les plus précieux de l'homme sur
un concept sujet à discussion; quant à l'absurdité, elle résulte de la nécessité même où les partisans du libre-arbitre

(1) « *Sociol. crim.* » p. 43.

se trouvent d'admettre en certains cas à la liberté des limitations. « Pour quelle raison, dans ce prétendu jugement de la liberté morale du criminel, voudrez-vous vous borner toujours aux seules circonstances classiques et traditionnelles qui sont admises comme influentes sur la responsabilité et taxativement fixées dans les traités et les codes : âge mineur, surdi-mutité, folie, ivresse, sommeil ? Et pourquoi pas le degré d'instruction et d'éducation reçues, les mètres cubes d'air respirés dans les bouges de nos grandes villes, dans un horrible pêle-mêle de membres nus et sales, ou bien dans les habitations misérables des paysans, et la profession, l'état civil, les conditions économiques, le tempérament sanguin ou nerveux de l'accusé ? (1). » Il y a là, on le voit, un vrai labyrinthe au milieu duquel le juge doit se perdre ; l'appréciation du degré de liberté est impossible, et, si l'on tenait compte de tous les éléments de limitation, la théorie classique aboutirait à un résultat inattendu : ce seraient les criminels d'occasion qui devraient être le plus sévèrement punis, puisque les grands criminels présenteraient presque tous quelque anomalie ayant paralysé le libre exercice de leur autonomie volontaire et par conséquent atténué ou détruit leur responsabilité. De là d'un côté ces acquittements qui constituent à la fois un scandale et un péril social, et d'autre part en ce qui concerne les menus délinquants, qui apparaissent en général comme ayant agi dans ses conditions normales, cet abus des courtes peines contre lesquelles les criminalistes modernes, à quelque parti qu'ils appartiennent, ne cessent de s'insurger.

(1) Ferri. « *Sociol. crim.* », p. 286.

Il est à peine besoin de remarquer la faiblesse de l'argument qui consiste à voir dans le rejet du libre-arbitre et de la responsabilité un brevet d'impunité pour les malfaiteurs (1). Nous savons en effet que l'école positive trouve au droit d'agir contre les criminels un tout autre fondement dans les théories évolutionnistes, dans le principe de la lutte pour la vie : tout trouble apporté aux conditions d'existence d'un être organisé détermine de sa part une réaction défensive. La société, selon la conception de Spencer, est envisagée par l'Ecole Italienne comme un organisme agissant en vue de sa conservation. « Si le criminel oppose à l'Etat qu'il a été entraîné nécessairement au crime, et qu'on n'a donc aucune raison de le punir : l'Etat pourra répondre à son tour que lui-même est entraîné nécessairement à la peine, c'est-à-dire à la défense (2) ». D'ailleurs la réaction contre le crime n'est pas le seul cas de défense sociale: il y a en effet un phénomène en tout semblable dans la réaction contre l'ennemi du dehors (défense militaire); le combat contre le crime n'est que la défense contre l'ennemi intérieur (3).

La théorie de la défense sociale trouve dans l'histoire de la peine un solide point d'appui. Primitivement l'attaque contre l'individu provoque une réaction individuelle, tantôt im-

(1) Certains même, comme M. Proal, se demandent pourquoi, le criminel étant un être irresponsable aussi bien que le fou, on ne se bornerait pas à l'enfermer dans un asile ; comme si les différentes espèces d'anomalies mentales devaient nécessairement réclamer le même traitement ! V. Proal : « *Le crime et la peine* ». p. 392.

(2) Ferri « *Sociol. crim.* ». p. 338.

(3) V. Spencer : « *Principes de sociologie* » Trad. Cazelles III. 059 et « *Justice* » Trad. Castelot, p. 51 et s.

médiate et répondant à la notion de légitime défense, tantôt différée et prenant alors la forme de la vengeance. Puis les inconvénients de la réaction individuelle, qui consistent surtout dans l'impuissance de l'attaqué à se défendre luimême, ou au contraire dans les abus de force et les excès dictés par l'esprit de représailles, font passer au groupe social l'exercice de la défense de ses membres; mais, qu'elle soit collective ou individuelle, la réaction garde toujous le caractère de simple défense, c'est-à-dire qu'elle ne tient aucun compte de la culpabilité de l'agresseur; elle n'a pour règle que la nécessité ou l'utilité, comme c'est encore aujourd'hui le cas pour les faits de guerre ou de légitime défense.

Puis nous voyons la peine dévier de ses caractères primitifs. D'après M. Ferri, elle aurait traversé quatre phases, d'abord la phase originaire que nous venons de reconnaître, « la phase *naturelle* de réaction défensive et vindicative individuelle ou sociale, immédiate ou différée, la phase *religieuse*, de vengeance divine, la phase *éthique*, de pénitence médiévale, la phase *juridique*, de l'école classique sur le droit de punir abstrait et aprioristique... Il s'agit maintenant d'én initier et effectuer la phase *sociale*, dans laquelle, suivant les données de l'anthropologie et de la statistique sur la genèse du crime, la peine doit être non plus la rétribution d'une faute morale avec un châtiment proportionné, mais un ensemble de mesures sociales, préventives et répressives, qui, en répondant mieux à la nature du crime, soient une défense plus efficace et plus humaine de la société ».

On le voit, l'école positive prêche le retour à la simplicité

originaire. La mesure de défense, après la période religieuse
et métaphysique, semble maintenant retourner vers sa première nature, puisque déjà nous voyons l'école classique
faire une large part à l'utilité au détriment de l'idée de justice absolue ; la conception de l'Ecole Italienne compléterait le
mouvement, par sorte une de régression d'ailleurs commune,
selon la remarque de M. Ferri, dans les institutions humaines
lesquelles s'analysent et se compliquent peu à peu pour
aboutir, entièrement perfectionnées, à la synthèse voisine du
point de départ (1).

Seulement, la peine peut-elle véritablement avoir le caractère de simple défense ? Lorsqu'on vient nous parler d'analogie entre l'exercice du magistère pénal et la légitime défense individuelle, n'y a t-il pas là un abus de mots? La légitime défense, ou même la défense en général est une mesure
prise contre un fait à venir, tandis que la peine se rapporte
à un fait déjà accompli. — Mais, répond M. Ferri, la défense
pénale, se rapporte parfaitement aux crimes futurs ; elle
constitue une précaution soit contre l'individu même qui est
puni, soit contre ceux qui seraient tentés de l'imiter ; autrement ce ne serait qu'une vengeance, et précisément les efforts
du positivisme tendent à lui enlever ce caractère, reste de
la période éthico-religieuse. Le vrai principe du droit pénal
positif doit être la maxime *«punitur ne peccetur »* : l'idée
contraire, le *« quia peccatum est »*, doit être absolument

(1) Ce serait le cas par exemple pour le collectivisme, et pour le
mouvement féministe actuel, qui ont eu à l'époque primitive des
antécédents dans la propriété collective et dans l'obligation des
femmes au travail. De même primitivement la souveraineté politique est dans la volonté commune, puis succèdent les monarchies
et oligarchies, et aujourd'hui on revient à la forme démocratique.

abandonnée; car elle est fondée sur cette conception que le mal mérite le mal, c'est-à-dire sur la vieille loi du talion, depuis longtemps condamnée par la morale. Dira-t-on que l'assimilation de la peine et de la légitime défense est quand même inexacte, cette dernière ne devant s'appliquer qu'à un danger actuel et imminent (1)? Mais si en effet telle est la règle lorsqu'il s'agit de défense individuelle, rien n'indique que la défense sociale doive y être aussi soumise. Car les particuliers ne sont pas forcément et inéluctablement exposés à voir leur existence mise en péril: ils doivent attendre l'agression pour se défendre; tandis que la société est continuellement et pour ainsi dire normalement attaquée; les conditions ne sont donc pas les mêmes, et elle peut et doit se défendre contre ce danger ininterrompu qui la menace (2).

La théorie de la défense sociale ne constitue-t-elle pas un péril pour la liberté individuelle, ne justifie-t-elle pas par avance tous les excès de l'Etat, qui auront toujours pour excuses de prétendues nécessités de conservation ? La raison d'Etat ne va-t-elle pas devenir un invincible argument ? M. Ferri prétend que sa doctrine offre à ce point de vue les

(1) V. Proal « *Le crime et la peine* » p. 396

(2) M. Ferri aurait, nous semble-t-il, une autre réponse à faire : d'abord, que la dépense soit légitime seulement dans le cas de péril immédiat, c'est là une théorie de pur droit positif. (Art. 328 C. p.), et qui ne s'imposerait nullement comme principe de législation. Pourquoi les principes de justice absolue et d'imputabilité, si on les admet, fléchiraient-ils seulement en cas de danger actuel, et pourquoi dans ce seul cas autoriserait-on la réaction aveugle, contre l'agresseur, responsable ou non de ses actes ? D'autre part, le principe qu'on ne doit pas se faire justice à soi-même, raison des restrictions apportées au droit de défense personnelle, est évidemment sans application à la défense sociale.

mêmes garanties que la théorie de la défense juridique, c'est-à-dire de la peine fondée sur la nécessité, mais limitée par la justice, qui est celle de l'École éclectique ou néo-classique, aujourd'hui régnante. De quelle justice en effet peut-il être question ? Est-ce de la justice naturelle ou du droit positif ? Si c'est de la justice naturelle et abstraite, un concept aussi discuté et aussi imprécis ne saurait fournir des garanties bien solides. Si c'est du droit positif, « dire que la société a le droit de punir pour une nécessité de la défense juridique ne peut exprimer autre chose que de dire que la société punit pour conserver l'ordre juridique qui existe à chaque époque dans chaque pays. Mais alors *défense juridique* équivaut à *défense sociale* (1) ». En effet il n'y a pas de société sans droit, par suite de la limitation de la liberté de l'un par la liberté de 'l'autre. « Limitation nécessaire des activités coexistantes », voilà la notion expérimentale et positive du droit ; la conception de celui-ci ne peut donc être abstraite et absolue ; elle change avec les divers états de civilisation. Comme la défense sociale doit s'y adapter, en tenir compte, elle trouve là une limite. C'est à la science de donner des règles, et ces règles une fois posées, qu'on les range sous l'appellation de justice ou d'utilité, ne laissent plus place à l'arbitraire.

Il reste maintenant à établir que la défense sociale, puisque défense il y a, doit être indépendante de toute considération de culpabilité morale. Pour la théorie positiviste, la responsabilité a un caractère purement physique : la réaction s'adresse à la cause matérielle de l'agression. Un acte dom-

(1) Ferri, *Sociol. crim.*, p. 318.

mageable ayant été commis par un individu, la seule condition pour que cet individu en soit rendu responsable est qu'il ait agi par un « processus physio-psychologique » ayant sa source dans sa propre personnalité, en d'autres termes qu'il n'ait pas été matériellement forcé à l'action par quelque autre individu ou quelque agent étranger. Il n'y a à tenir compte d'aucune considération de liberté morale et d'intégrité des fonctions volitives. C'est qu'en effet l'organisation de l'univers tout entier proteste, aux yeux de la science moderne, contre la conception de justice absolue ; le monde est un vaste ensemble d'actions et de réactions ; les êtres inférieurs doivent souffrir des simples réactions naturelles et matérielles ; l'activité de l'homme, en outre de celles-ci, provoque certains ordres de réactions qui lui sont propres. Alors que le reste de la nature animée ne connaît que les sanctions physiques et biologiques, l'homme voit à ses actions s'attacher la sanction sociale. Et partout les réactions se produisent régulièrement, que l'action ait ou n'ait pas un caractère coupable; celui qui se penche trop à la fenêtre s'expose à une chute (sanction *physique*), celui qui commet des excès de table s'expose à une maladie (sanction *biologique*). Dans les deux cas les lois de la nature ont été transgressées. De même celui qui heurte les règles de la société, même involontairement ou inconsciemment, sera victime de réactions diverses (sanctions *sociales*). Par exemple, l'homme maladroit ou inintelligent verra se former autour de lui une opinion défavorable dont il pourra avoir à souffrir le cas échéant; le commerçant inhabile, alors même qu'il ne serait pas malhonnête, tombera dans la misère, etc. En un mot chacun aura à subir les consé-

quences de ses actes. L'homme est tenu par le fait seul de
l'état social à une certaine conduite moyenne, dont il ne
peut s'écarter qu'à ses risques et périls, l'écart fût-il involontaire : il s'agit là d'une règle de nécessité, et non de justice.

Or si la société réagit contre certains actes de ses
membres sans qu'il y ait lieu à considération de mérite ou de
démérite moral, pourquoi exigerait-elle cette condition
lorsqu'elle doit se défendre contre une catégorie d'actions qui
peuvent être rangées parmi les plus dangereuses et les plus
menaçantes pour sa conservation ? Ce serait faire de la sanction pénale une inexplicable exception au milieu de toutes
les autres formes de sanctions sociales, exception qui de l'a-
vis de M. Ferri ne peut être à l'heure actuelle considérée
que comme un reste des vieilles croyances éthico-reli-
gieuses. La science moderne ne doit pas l'admettre. Et
d'ailleurs, même dans le droit positif, on peut remarquer
qu'elle n'est pas admise d'une façon absolue; les lois, tant
civiles que pénales (et selon l'Ecole positive il n'y a pas de
différence essentielle entre ces deux branches de la législation) sanctionnent souvent des actes purement involontaires;
les unes créent des nullités dont souffrent même ceux qui
n'ont à se reprocher aucune négligence, d'autres rendent
certaines personnes civilement responsables des actions
d'autrui, certaines enfin appliquent de véritables peines à
des actes où l'intention délictueuse n'entre pour aucune
part (1).

(1) Telle est dans notre droit la règle en matière de contraventions : l'intention délictueuse n'est nullement requise. Et même,
d'une façon générale, le principe qui domine toute notre législation, que nul n'est censé ignorer la loi, n'est-il pas en contradiction

Ainsi se justifie la défense sociale ; elle est en tout semblable à la fonction défensive que tout être animé exerce pour sa propre conservation. Aussi conviendrait-il, selon M. Ferri, de substituer les mots d'*offense* et de *défense* à ceux de *délit* et de *peine*, dont le premier implique une idée d'abandon volontaire de la droite conduite, et le second désigne une forme particulière de sanction qui, nous allons le voir plus bas, ne doit jouer en politique criminelle qu'un rôle tout à fait secondaire et restreint. L'expression : « *droit de punir* » devient en outre inexacte, car elle rappelle la notion d'expiation et de châtiment, qui doit être exclue de mesures ayant pour but unique la conservation sociale.

La même théorie se retrouve chez M. Garofalo ; le crime étant pour lui, comme nous l'avons vu, « l'offense faite au sens moral de l'humanité dès qu'elle n'est plus l'esclave de l'instinct bestial ou des passions fougueuses et indomptables de la vie prédatrice, c'est-à-dire dès qu'elle est arrivée aux

avec l'idée de justice, puisque cette connaissance présumée des règles légales non seulement ne se réalise jamais en fait, mais peut être pratiquement regardée comme impossible à acquérir ? Viendra-t-on dire, comme M. Proal (p. 465) qu'en matière de contraventions la loi présume la faute ? C'est possible, quoique ce ne soit pas prouvé, mais c'est une assez plaisante conception de la prétendue justice absolue que de dire à quelqu'un en le condamnant pour une action commise par pure ignorance : « Vous n'êtes pas vraiment coupable, et en conséquence nous n'aurions pas le droit de vous punir ; mais comme nous voulons vous punir tout de même, nous supposerons fictivement votre culpabilité, et ainsi vous auriez mauvaise grâce à vous plaindre, puisque vous êtes condamné d'après les règles de la justice et de la morale » Rejeter la notion de responsabilité ou la supposer dans les cas où en fait elle n'existe pas reviennent évidemment au même.

premières étapes de la civilisation », tout individu dépourvu de ce sens moral moyen doit, ou bien l'acquérir par une adaptation appropriée, ou bien disparaître. La réaction consiste donc « dans l'exclusion du membre dont l'adaptation aux conditions du milieu ambiant s'est manifestée incomplète ou impossible ». Ainsi il se produira par la disparition des individus non assimilables et aussi de leur descendance future, que les lois de l'hérédité physio-psychique prédisposaient au crime, une sorte de sélection sociale artificielle analogue à la sélection naturelle, et l'insociabilité tendra à s'éteindre peu à peu. On ne doit pas voir d'ailleurs en cette conception de défense sociale, remarque M. Garofalo, une apologie de la raison du plus fort ; ce ne sont pas la force ni le nombre des autres membres de la communauté sociale qui vont entrer en lutte avec celui qu'il s'agit d'exclure ; c'est la communauté elle-même, l'organisme social, considéré, si l'on veut, comme une sorte de personne morale, qui se débarrasse de l'élément corrompu. L'individu se trouve en conflit non avec ses semblables alliés contre lui et l'écrasant par leur masse, mais bien avec un tout dont il ne constitue qu'une partie, et qui dans la lutte pour l'existence doit posséder en conséquence un droit supérieur au sien.

Seulement l'élimination sociale trouve une limite et un frein dans l'idée de nécessité ; l'homme est un être sociable, et le droit à la vie sociale doit lui être reconnu tant qu'il ne met pas en péril le droit de la société elle-même ; toute offense au sentiment moyen de moralité populaire ne doit donc pas amener la disparition de l'offenseur ; il faut, pour légitimer les mesures prises en ce sens, que de l'offense résulte avec certitude l'impossibilité de toute adaptation.

La peine défensive est une mesure de protection et de prévention : elle ne peut procéder d'une pensée de vengeance ; la souffrance infligée comme châtiment de l'action commise ne saurait être son but. Toutefois il faut avouer que le but véritable, c'est-à-dire la protection sociale, se trouve parfois masqué en certaines circonstances où la peine semble être une simple mesure de répression, affecter la forme de sanction rétributoire. C'est qu'en réalité, nous dit M. Garofalo, le caractère primordial et fondamental de la peine, qui est de viser l'avenir, d'empêcher le crime futur, ne doit pas être complètement et radicalement séparé de l'idée de sanction, qui n'est pas sans trouver place dans la loi de réaction naturelle ; le vrai but de la peine, c'est le *« ne peccetur »* : mais ce principe n'exclut pas celui qu'on a l'habitude de lui opposer, le *« quia peccatum est »*. La réaction aveugle est dans la nature la suite inéluctable de l'action; la réaction sociale, avec d'autres caractères, plus consciente d'elle-même, peut être aussi sous un certain rapport considérée comme une suite de l'attaque à la sûreté commune. Ainsi donc la peine apparaît sous un double aspect : elle est à la fois une mesure de défense nécessairement déterminée par l'action dangereuse, et une mesure de défense ayant pour but la conservation de l'organisme social.

La considération du passé, du fait commis, doit intervenir encore à un autre point de vue, selon l'Ecole Italienne : c'est que les mesures de défense ne visent pas seulement l'élimination du criminel, mais encore, et c'est là une idée très importante, la réparation des effets nuisibles du crime.

Les criminalistes classiques ont le tort, suivant M. Ferri, de séparer la réparation de la pénalité proprement dite, le droit civil du droit pénal (1). Or ce sont là, pour l'école positive, des notions qui doivent être réunies, des moyens concourant à un même but : prévention, réparation, répression, tout doit être simultanément employé dans la défense contre le crime ; il n'y a pas de distinction à faire entre la législation pénale et la législation civile, et les efforts des juristes pour trouver un criterium entre les deux prétendues espèces de fraude doivent rester stériles. Le dédommagement de la victime constitue une obligation d'intérêt public et social, au même titre que les autres mesures pénales ; cette obligation ne devrait pas être comme actuellement subordonnée à mille conditions qui la restreignent et souvent la paralysent, mais bien exercée par le ministère public et regardée comme une conséquence rigoureuse du crime. « Le système de défense sociale que nous concevons en correspondance avec les données de l'anthropologie et de la statistique criminelles, et suivant le criterium de la responsabilité sociale, n'est en somme que le développement scientifique du raisonnement pratique, que tout homme de bon sens peut faire et fait dans la vie quotidienne, pour en éviter les désagréments et les dangers. Un homme prudent et prévoyant ne manque pas de penser et d'exécuter une règle de conduite telle que celle-ci : D'abord, j'éviterai de provoquer contre moi les gens auxquels j'aurai affaire et de leur donner des excitations à m'offenser dans ma personne ou dans mes propriétés (2). Si cependant quelqu'un m'offense, je tâcherai, si

(1) Nous avons vu que Bentham ne reconnaît pas là une distinction absolue et tranchée ; son opinion est très peu différente des théories positivistes.

(2) Cette idée sera développée plus bas, lorsque nous étudierons la théorie de M. Ferri sur les substitutifs de la peine.

j'arrive à temps, de lui faire cesser son action agressive ou
dangereuse, et, si j'arrive trop tard, j'ôterai toute valeur à
l'acte accompli par mon adversaire. Et si cela ne m'est pas
possible, j'obligerai mon offenseur à me dédommager, tout
en ajoutant à cela, si le dédommagement pur et simple ne
me semble pas suffisant, des mesures précautionnelles, pour
ôter à mon offenseur même l'intention de renouveler ses
attaques, et aux autres l'intention de les imiter. Que si mon
expérience passée avec mon adversaire même, ou bien avec
des individus qui lui ressemblent, me dit que tout cela ne
sera pas suffisant pour sauvegarder ma personne ou mes
propriétés, alors j'aurai recours à ces mesures extrêmes d'é-
loignement forcé plus ou moins prolongé, qui suffisent à me
mettre à l'abri, autant que possible, de ces attaques injustes
contre mes droits..... Le système défensif social contre la
criminalité, suivant l'école positiviste, n'est que la répétition
et l'exécution de ce raisonnement clair et pratique (1) ».
Ainsi donc, il existe une sorte d'hygiène sociale préventive
de la maladie appelée crime : et c'est seulement lorsque les
moyens qu'elle fournit ont échoué, qu'il convient de recourir à des mesures de guérison ou d'ablation des éléments
malsains, à la thérapeutique ou à la chirurgie, suivant la
très vivante comparaison de M. Ferri.

La coercition à la réparation, d'après M. Garofalo, est
une forme de la pénalité qui doit toujours avoir le pas sur
les mesures éliminatoires, et souvent les remplacera. Elle
« sera suffisante dans plusieurs cas, pourvu qu'il y ait réparation pleine et entière, à savoir que l'évaluation du dom-

(1) Ferri. « *Sociol. crim.* » p. 401

mage ne soit pas limitée au fait matériel, mais qu'on tienne compte des souffrances, des anxiétés, des ennuis même supportés par la partie lésée. En outre, comme il n'y a pas que cette dernière d'offensée, mais que la société tout entière souffre moralement du délit, et en est matériellement endommagée par les impôts dont l'État doit surcharger la population afin de payer les agents de sûreté publique et les juges, il faut que la réparation ne s'arrête pas au dédommagement du plaignant, mais qu'une amende soit payée à l'État (1) ». Le dédommagement doit être énergiquement exigé ; on sait quelle ridicule organisation notre Code a donnée aux droits de la partie civile, obligée à la responsabilité des frais et jouant au procès un rôle tout à fait secondaire, puisque l'État passe avant elle et que le paiement des dommages-intérêts est subordonné à celui des amendes (2). De semblables abus doivent cesser, et le coupable être soumis à un traitement rigoureux, qui l'oblige, s'il est solvable, à désintéresser sa victime, ou, en cas d'insolvabilité, à travailler au bénéfice de celle-ci (3), en ne conservant sur ses gains que ce qui est strictement nécessaire à la vie.

(1) Garofalo. « *La criminologie* », p. 263.

(2) Ces dispositions, comme le remarque M. Garofalo, sont un véritable défi au bon sens : l'État a l'air de se récompenser, au détriment de la partie lésée, pour n'avoir pas su, comme son devoir l'exigeait, prendre contre le fait délictueux des mesures préventives suffisantes.

(3) M. Spencer voit dans la réparation le rôle principal de la pénalité ; pour lui la durée de la peine devrait dépendre uniquement du temps que mettrait le coupable à réparer le mal causé, en travaillant sous la surveillance d'une personne honorable acceptée comme garant.

D'ailleurs l'action en réparation aurait, comme le réclame M. Ferri, un caractère d'intérêt public, et devrait être intentée d'office, sans l'agrément et même contre la volonté de la victime ; au cas où celle-ci refuserait de recevoir le dédommagement fixé, le montant des sommes recouvrées serait versé à une « Caisse des amendes », chargée de faire des anticipations aux personnes indigentes qui se trouveraient victimes d'un acte délictueux.

Telle est la notion de la peine selon les criminalistes Italiens ; l'idée de défense sociale et l'idée de réparation en sont les deux éléments. Il nous reste à examiner quels sont, d'après les mêmes auteurs, les principes qui doivent guider la société dans l'application des mesures qu'elle est ainsi amenée à prendre. Qui ces mesures doivent-elles viser, et d'après quel critérium ?

Le grand et fécond principe que la nouvelle école propose de substituer aux idées classiques, à la peine fondée sur le dol, le devoir enfreint, etc., a été exposé pour la première fois par M. Garofalo (1). A la considération du délit comme mesure de la pénalité, il faut substituer la considération du criminel; la proportionnalité de la peine au délit, théorie de l'école classique, est pratiquement impossible à appliquer, car la gravité relative tant matérielle que morale des différents actes délictueux ne peut être déterminée que d'une manière arbitraire et sans valeur scientifique. Ce n'est donc pas l'acte commis, dont aucune méthode ne permet l'appréciation intrinsèque avec une sûreté suffisante, qui doit donner la mesure et le critérium de la réaction, mais bien la

(1) Garofalo. *Di un criterio positivo della penalità.* Naples, 1880.

personnalité de son auteur : le degré de perversité du criminel, son incompatibilité avec les conditions de la vie sociale,
enfin le danger qu'il fait courir à la société, ce que les Italiens appellent la « temebilità » voilà les éléments où il faut
chercher les raisons des mesures à prendre. Le problème se
pose dans les termes suivants : « Déterminer la perversité
du délinquant et le degré de sociabilité qui lui reste » (1). La
solution, on le sait, sera fournie en grande partie par l'étude
des anomalies criminelles, en faisant rentrer chaque cas
particulier dans telle ou telle catégorie. Mais il ne faudra
pas négliger en outre les circonstances du délit; celui-ci
servira d'utile symptôme pour porter un diagnostic exact,
et une enquête sur la vie antécédente du délinquant, sur ses
rapports de parenté, ses liaisons, son âge, son éducation,
ses occupations, ses goûts, est indispensable pour arriver à
une sûre et précise détermination. « D'après les lois existantes, l'examen de ces circonstances n'aboutit qu'à influencer sur la mesure de la peine; pendant que, pour nous, c'est
la détermination même du moyen répressif ou du genre de
pénalité, qui en dérive. Le moyen répressif se trouve désigné, en effet, par la possibilité d'adaptation du délinquant,
c'est-à-dire par les conditions du milieu dans lesquelles on
peut présumer qu'il cessera d'être dangereux » (2).

(1) Garofalo. *La criminologie*, p. 328.

(2) Garofalo, *op. cit.*, p. 320. Il ne nous semble pas exact de dire,
comme le fait M. Ferri, que M. Garofalo reconnaît un double criterium de la pénalité : la « *temebilità* » et l'« *adaptabilità* ». Car le
second caractère nous paraît simplement constituer un des éléments du premier; la possibilité ou l'impossibilité d'adapter le
criminel à la vie sociale étant, somme toute, l'un des indices les
plus importants pour la détermination du degré de nocuité.

M. Ferri voit aussi dans la perversité dangereuse de l'agent la raison et le criterium des mesures à prendre contre lui. Seulement il remarque que cette seule considération ne permet pas une résolution complète du problème ; celui-ci en effet comprend deux questions distinctes, la prévention générale du crime et les mesures à prendre lorsqu'un crime est commis ; et le criterium de « temebilità » ne répond qu'à la seconde, c'est-à-dire qu'il permet, une fois établi le moyen défensif approprié au fait commis, de déterminer le degré et le mode d'application à l'auteur de ce fait. Mais quant à la forme de sanction sociale opportune et nécessaire pour les différentes sortes d'actions délictueuses, sa détermination « rentre dans le champ de la défense sociale contre les crimes possibles, et partout, c'est avec les inductions positives de la sociologie criminelle qu'elle peut être résolue » (1).

Quoiqu'il en soit, l'antisocialité de l'acte criminel qui doit entrer en ligne de compte pour arriver à l'estimation exacte de la perversité de son auteur tient surtout aux motifs qui ont poussé celui-ci ; si la nature du droit lésé est un des éléments d'appréciation, celle-ci doit varier dans une large mesure suivant les motifs déterminants de l'action. Voilà, plus précis et plus exact peut-être, un point de vue qui se rapproche beaucoup de celui auquel se place M. Garofalo, lorsqu'il insiste sur la considération des circonstances qui ont accompagné le délit.

Les motifs, selon M. Ferri, ne peuvent jamais présenter qu'une antisocialité relative. « Sont antisociaux les motifs

____

(1) Ferri. « *Soc. crim.* », p. 109.

contraires aux conditions d'existence sociale dans chaque moment historique pour chaque groupe collectif (1) ». Un même acte n'offre pas les mêmes caractères par exemple chez les peuples civilisés et chez les peuples sauvages. La recherche des motifs ne doit être faite que sous le bénéfice de cette observation ; mais il n'y a pas lieu de distinguer, comme certains croient utile de le faire, entre les motifs conscients et les motifs inconscients : les uns et les autres ont leur importance.

Donc, pour M. Ferri, il existe trois critériums pour arriver à la détermination de la responsabilité pénale dans chaque cas particulier : la nature du droit lésé, les motifs déterminants, la catégorie anthropologique de l'agent. Ces trois critériums doivent s'appliquer successivement. Par exemple, un homicide a été commis ; l'homicide est un acte susceptible d'être considéré comme antisocial, mais il faut s'enquérir des qualités de l'agent : celui-ci était-il fou ? Il faut l'éliminer par un internement spécial. N'était-il pas fou ? Alors quels ont été ses motifs ? S'ils n'étaient pas antisociaux (par exemple si l'acte a été commis en état de légitime défense), il y a simple malheur qui n'entraîne pas de sanction spéciale ; s'ils étaient antisociaux, il faut apprécier leur degré d'antisocialité et en même temps tenir compte des caractères anthropologiques de l'agent. « Les motifs étaient très antisociaux (vengeance brutale, haine, cupidité, etc.) et l'homicide est un criminel-né ; alors devient inutile toute autre vétille sur la culpabilité morale ; le moyen éliminatif est nécessaire.... Ou bien les motifs étaient moins antisociaux

(1) *Id. Ibid.* p. 112.

(imprudence, amour offensé, amour contrarié) et l'agent était un pseudo-criminel (par négligence ou imprudence) ou bien un criminel d'occasion ou par passion; et alors, avec tous les détails d'un procès, qui établissent mieux la physionomie de l'acte et de l'agent, pourront être suffisantes les mesures réparatrices (dans le cas d'homicide par imprudence ou par passion honnête), ou bien les mesures réparatrices avec les mesures répressives (pour le meurtrier d'occasion) (1) ».

Il est deux cas surtout dans lesquels l'Ecole classique semble aux criminalistes Italiens s'être lourdement trompée, deux cas où les nouveaux critériums doivent amener un changement complet dans la législation; ce sont les cas de crime non consommé et de crime commis par plusieurs individus ; il faut renouveler les théories dites de la tentative et de la complicité.

En cas de tentative, il est absolument inutile de rechercher, comme le demandent certains jurisconsultes, si l'intention a été réalisée en partie, si les moyens étaient en fait capables de produire le résultat cherché, etc. Ce qu'il faut voir, c'est si l'acte est suffisant pour faire apparaître le caractère dangereux de celui qui l'a accompli : que ce dernier ait réussi ou non, c'est une question de peu d'importance ; la « temebilità » dont témoigne la tentative est-elle comparable à celle qui résulterait du crime consommé? Les mesures à prendre doivent être les mêmes. Pour apprécier cette perversité, il faut d'ailleurs s'inspirer de toutes les circonstan-

(1) Ferri, *op. cit.*, p. 122.

ces du fait, sans distinguer entre les actes préparatoires,
les actes d'exécution, le crime tenté, le crime manqué, etc.,
comme le font certains Codes. Il y a là simplement une question d'appréciation. Quant aux moyens dont s'est servi le
criminel, leur considération a beaucoup d'importance, mais
non pas dans le sens qu'on lui attribue généralement ; il faut
examiner, non pas s'ils rendaien t le crime impossible en *fait*
(par exemple si l'assassin a voulu se servir d'un fusil dé-
chargé à son insu), car une circonstance de hasard ne saurait influer sur le caractère du délinquant, mais s'il le ren-
daient impossible en quelque sorte en *principe* (par exemple si l'assassin a tiré à une distance ridiculement exagérée,
ou bien s'il a négligé les précautions les plus élémentaires
dans le chargement de son arme) dans ce dernier cas en
effet il peut arriver que l'emploi de moyens tout à fait impro-
pres dénote chez l'agent une stupidité rassurante et exclu-
sive de tout danger.

En ce qui concerne la complicité, il n'y a aucune raison
pour vouloir appliquer la même peine aux différents complices ou co-auteurs ; car au point de vue de la classification
criminelle, ils peuvent être fort dissemblables. Ainsi, celui
qui, ayant à assouvir une vengeance personnelle, soudoie un
individu pour commettre un meurtre, ne doit évidemment
pas être assimilé à ce sicaire et puni de façon identique.
Autre remarque: dans le cas de complicité par mandat, on
fait souvent de l'inexécution par le mandataire une cause
d'impunité pour le mandant ; la solution est inexacte : le
mandataire joue ici le rôle d'instrument, et il faut résoudre
la question par les distinctions exposées plus haut à propos
de la tentative par moyens non appropriés : le mandataire

a-t-il échoué par hasard, ou bien a-t-il été notoirement mal choisi ? La solution devra différer selon le cas.

Pour M. Ferri, la complicité devrait être en général et par le fait même de son existence regardée comme une circonstance aggravante ; en effet ce sont les criminels les plus dangereux (criminels-nés et d'habitude), qui agissent de concert ; les criminels d'occasion et par passion agissent seuls. Donc le fait qu'un crime a été commis par plusieurs individus est une constatation défavorable au point de vue du caractère de ses auteurs.

Tels étant dans leur ensemble les principes qui doivent gouverner la défense sociale, voyons maintenant leur mise en action.

§ 2. — Les moyens de défense sociale.

M. Ferri nous a montré que le crime est un produit complexe, résultant d'une multitude de causes qui s'enchevêtrent et se combinent. La conséquence pratique à tirer de ce fait, c'est que le combat contre le crime doit user de procédés variables et divers puisqu'il a pour but la suppression de ces causes, et que jusqu'ici la science criminelle a fait fausse route en regardant la peine comme le moyen défensif presque unique qui soit à la disposition de la société. Les peines ne sont aucunement capables de neutraliser l'action des facteurs anthropologiques et sociaux de la criminalité, « elles ne pourront guère s'opposer qu'aux facteurs psychologiques du crime, et même aux seuls facteurs occasionnels et pas trop violents (1). Plus particulièrement, elles pourront réali-

(1) Ferri, op. cit., p. 198.

ser la prévention spéciale contre le condamné, en le mettant hors d'état de nuire ; quant à leur rôle d'exemplarité, de prévention générale, d'intimidation, il sera extrêmement restreint: il faudrait du reste recourir à une application constante et rigoureuse, et ne pas se contenter d'inscrire platoniquement des peines sévères dans la loi, sans oser les employer dans la pratique, comme cela arrive trop souvent, car c'est l'application seule qui frappe les masses, lesquelles ignorent les Codes (1). Et, même dans ces conditions, le peu d'efficacité des peines nous est attesté par la marche ascendante de la criminalité depuis le commencement du siècle, en dépit de l'augmentation constante dans la sévérité des tribunaux et Cours d'assises, que nous montre la statistique (2).

La société est un tout, qui, suivant les lois de l'évolution dégagées par Spencer, tend de plus en plus à l'hétérogénéité de ses éléments ; plus le progrès et la civilisation s'affirment, et plus l'unité de remède contre les maux de cet organisme complexe apparait comme insuffisante. Les diverses couches sociales n'ont ni la même constitution ni les mêmes aspirations ; on ne doit donc pas les traiter par des moyens identiques. On pourrait, au point de vue pénal, distinguer dans la société trois catégories : l'une, de niveau moral élevé, foncièrement honnête, pour laquelle toute espèce de répression est complètement inutile ; — une autre héréditairement tarée, absolu-

(1) Nous avons déjà rencontré cette idée dans Bentham : toute peine inconnue du peuple est une peine inefficace, et pour la faire connaître, rien de mieux que sa fréquente mise en pratique.

(2) On remarque en effet que les acquittements deviennent proportionnellement de plus en plus rares, et qu'au contraire les peines graves sont appliquées de plus en plus fréquemment.

ment réfractaire à tout traitement, classe de criminels-nés pour lesquels, faute de sens moral, la peine est un risque à courir comme il en existe dans chaque industrie ; la troisième enfin tenant le milieu, possédant un sens moral indécis, une éducation imparfaite, classe de criminels d'occasion sur lesquels un mobile psychologique tel que la menace pénale pourra avoir une certaine action, pourvu toutefois, qu'il soit accompagné de certaines réformes sociales, de manière à ce que des circonstances plus fortes n'en viennent pas détruire l'effet, soit en provoquant, soit en facilitant les occasions de mal faire.

On peut reconnaître diverses tendances parmi les criminalistes, les unes dans le sens d'un adoucissement des peines, les autres dans le sens contraire d'une plus grande sévérité ; on discute sur les avantages et les inconvénients de l'un et l'autre système. Chacun voit dans l'application du sien la digue contre la fameuse « marée montante de la criminalité. » Il vaudrait mieux, avant de chercher à modifier les peines, rechercher tout d'abord et d'une façon exacte quelle est au juste leur influence. L'erreur générale, qui exagère les effets possibles de la pénalité, s'explique parce que les classes élevées et honnêtes de la société, celles qui rédigent les lois, se figurent que le monde criminel a sur les peines les mêmes idées qu'elles et se livre aux mêmes raisonnements. On ne tient pas assez compte des différences de milieu ; la plupart du temps, le criminel, être imprévoyant et d'intelligence peu développée, est soumis à l'impression du moment ; quand éprouvera t-il la crainte de l'exécution de la peine ? C'est quand il sera condamné et qu'il verra cette exécution imminente. Mais la menace lointaine ne saurait en lui contrebalancer l'attraction immédiate du délit : il y pensera ensuite, une fois le crime commis, non pas auparavant ; Lombroso l'a montré, le criminel ne se rend pas un compte exact des conséquences de ses actions.

D'ailleurs la peine, mesure de défense violente opposée à la violence de l'attaque, est par essence en contradiction avec le progrès social : ce progrès tend à rendre de moins en moins directe, la lutte pour l'existence. La fonction défensive de la société doit être une dynamique doucement et rationnellement préventive, et non répressive ; il faut avoir le moins possible recours à la force brutale, car la violence appelle la violence.

Cependant, il ne faudrait pas considérer la pénalité comme un moyen défensif absolument inutile et qu'il conviendrait de rejeter complètement. On doit en effet tenir compte de l'opinion publique, des sentiments populaires, ne pas les choquer trop ouvertement; à ce point de vue, la peine évite le scandale de l'impunité, cause de démoralisation pour la masse. Elle peut aussi assurément dans certains cas, comme nous le verrons, jouer un rôle d'intimidation vis-à-vis du criminel lui-même et le retenir (1). Mais

(1) On reconnaît là les deux effets de la pénalité auxquels les jurisconsultes Allemands donnent le nom de « *Generalprœvention* » et de « *Spezialprœvention* », et auxquels ils attribuent une importance si considérable. Pour l'Ecole Italienne, cette importance est tout à fait secondaire; mais une autre école, qui dérive de l'Ecole Italienne, celle qu'on appelle la « *terza scuola* », insiste au contraire beaucoup sur l'effet de prévention générale : l'intimidation des masses devient le but principal des mesures de pénalité. V. Alimena : « *Naturalismo critico e diritto penale* » et Carnevale. « *Della pena nella scuola classica e nella criminologia positiva e del suo fundamento razionale* ».

surtout elle met, soit pour toujours, soit pour un certain temps, le délinquant hors d'état de nuire à nouveau; elle le sépare du reste de la société, qu'elle protège ainsi contre lui; c'est là pour M. Ferri sa principale utilité, une utilité négative. Seulement, pour remplir ce rôle, il est nécessaire que les peines aiént une durée suffisamment longue; en définitive il ne convient donc nullement de les abréger, ainsi que le fait par exemple le nouveau Code pénal Italien.

Les peines étant des instruments de combat d'une valeur très relative, quelle va donc être la méthode la mieux comprise de défense sociale? Cette méthode consistera à étudier les causes de chaque crime, et à s'attaquer, non pas au crime lui-même, mais bien à ses facteurs, surtout à ses facteurs sociaux, les plus susceptibles d'être efficacement combattus. Tel est le principe qui a conduit M. Ferri à sa célèbre théorie des moyens destinés à remplacer les peines, ou plutôt à collaborer en quelque sorte avec elles, des « *substitutifs pénaux :* » on s'en souvient, la loi de saturation criminelle nous a montré une relation causale extrêmement stricte entre la criminalité et les circonstances extérieures, individuelles ou sociales : il suffira donc de modifier ces circonstances pour exercer une action sur la production du crime.

Naturellement, les moyens à employer en ce sens seront extrêmement variés, puisque, nous l'avons vu, le crime est un phénomène dont les raisons sont très diverses (1). Nous ne

(1) Bien entendu, M. Ferri n'entend pas établir un lien entre sa doctrine et les différentes mesures qu'il énumère : il s'agit de simples propositions, d'opinions personnelles et d'idées discutables. L'idée fondamentale seule est importante à ses yeux. V. Ferri, *Op. cit.*, p. 218.

pouvons suivre M. Ferri dans sa longue énumération : nous ne ferons qu'y recueillir quelques exemples, à seule fin d'éclairer l'idée générale que nous venons d'exposer.

Dans l'ordre économique par exemple, le libre-échange « en prévenant les disettes et la cherté anormale des denrées alimentaires, empêche beaucoup de crimes et de délits, surtout contre les propriétés, » les impôts sur l'alcool s'attaquent à une des sources les plus importantes de la criminalité, l'institution américaine du Homestead, en diminuant le nombre des individus complètement misérables et déclassés, est un frein puissant contre toutes sortes de crimes, les institutions de crédit populaire et agraire combattront l'usure, les habitations à bon marché en empêchant la promiscuité préviennent beaucoup de délits contre les mœurs, etc.

Dans l'ordre politique, la décentralisation administrative préviendrait par la diversité des règlements régionaux une foule de petits délits qui se produisent par suite de désaccords locaux avec la loi générale : les nécessités locales varient, et la loi générale ne peut être qu'une transaction imparfaite.

Dans l'ordre scientifique, il est évident que les grandes découvertes, si elles ont donné de nouveaux moyens au crime, ont aussi puissamment aidé à l'œuvre de sa répression, les progrès de la médecine et de la toxicologie mettent obstacle aux empoisonnements, les méthodes nouvelles et claires de comptabilité commerciale combattent les fraudes, l'invention des chèques et effets de commerce empêche les nombreux vols à main armée que facilitait jadis le transport du numéraire, etc.

Dans l'ordre législatif et administratif, la réforme du

dédommagement civil préviendrait beaucoup de vengeances, la simplification législative préviendrait bien des contraventions.

Dans l'ordre religieux, le mariage des prêtres et la suppression des couvents supprimerait des délits contre les mœurs, la prohibition des processions hors des églises garantit le respect des opinions et évite ainsi des rixes.

Dans l'ordre familial, le divorce prévient l'adultère et la bigamie, et certains crimes qui naissent de l'indissolubilité du mariage (meurtres, empoisonnements, etc.), la difficulté du mariage pour certains criminels pourrait mettre partiellement obstacle à la diffusion héréditaire du crime.

Dans l'ordre éducatif, l'instruction obligatoire n'est guère un préventif du crime. Il y aurait lieu de préférer les mesures rationnelles d'éducation, la pratique des exercices physiques et de l'hygiène (pour prévenir les dégénérescences), la prohibition des spectacles immoraux, l'interdiction de la littérature malhonnête (les récits pathétiques de crimes sont d'un effet déplorable, comme le remarque Lombroso) (1).

Ainsi donc, le combat contre le crime n'est pas l'opération simple que se figure la science classique : seul un judicieux emploi de mesures appropriées est de nature à donner des résultats. De toutes ces mesures, les peines sont en

(1) Nous pourrions comparer ces diverses mesures avec celles proposées dans le même sens par Beccaria et par Bentham. Mais, étant donnée la place un peu accessoire que ces détails occupent dans la doctrine de M. Ferri, les résultats de la comparaison ne seraient pas très significatifs. Retenons seulement l'accord essentiel sur l'idée générale, sur la prévention possible du crime par un ensemble de moyens savamment organisés, et dont l'emploi est préférable à celui des peines.

définitive les moins efficaces. Il faut recourir à une sorte d'hygiène sociale ; les peines seront les moyens thérapeutiques qui ne devront être employés que dans les cas désespérés. Car il n'est pas possible d'espérer une suppression complète de la criminalité, la loi de saturation criminelle s'opposant à la pleine et entière efficacité des substitutifs qui ne peuvent guère en effet s'attaquer aux facteurs biologiques du crime. L'organisation proposée par M. Ferri n'a pour but que d'en diminuer la fréquence. Cette organisation est évidemment très délicate et difficile, et c'est une chose qu'on a reprochée à la théorie des substitutifs ; mais « la science a le devoir d'indiquer le but, pour lointain et difficile qu'il soit (1) ».

§ 3. — La pénalité. — Son organisation.

Quelque restreinte que soit pour l'École positive l'efficacité des peines proprement dites, elles n'en restent pas moins indispensables comme moyens subsidiaires de défense: là où les moyens préventifs, où les remèdes généraux tirés des réformes sociologiques restent sans succès, force est bien de recourir aux procédés de traitement plus spéciaux, aux mesures de répression violente.

Le grand principe en la matière, c'est l'adaptation de la peine aux différentes catégories de criminels. Deux courants bien distincts se partagent aujourd'hui la science criminelle. Les purs classiques, pour faciliter cette sorte de dosage de

(1) Ferri, *op. cit.*, p. 253.

la peine, dont le crime sert de mesure, réclament l'unification de la pénalité : ainsi en effet serait rendu plus commode
l'établissement d'une graduation comparative. Il y a évidemment là pour les positivistes, et M. Ferri ne craint pas
de le proclamer, une tendance tout à fait absurde ; proposer un remède de nature unique, une sorte de panacée pour
une chose aussi changeante que le crime, pour un mal dont
les causes sont aussi diverses, leur paraît en contradiction
avec toute espèce de raison. Mais le camp opposé, celui où
triomphe le principe de l'individualisation de la peine, ne
compte pas non plus les criminalistes Italiens parmi ses
partisans ; non pas qu'à leur avis l'individualisation de la
peine soit mauvaise en soi, mais parce que son fondement
véritable devrait être « une étude physio-psychologique du
criminel et des causes qui le déterminèrent au crime (1) » chose
irréalisable pratiquement à cause du trop grand nombre de
sujets à examiner, et de l'impossibilité où l'on serait de re-
cruter un personnel capable de mener à bien une besogne
aussi délicate. Il faut donc se contenter, à regret, il est vrai,
d'une simple classification des délinquants, au point de vue
de l'application des peines, procédé moins scientifique,
moins exact, mais seul susceptible de réalisation pratique.

Nous savons que le système pénal positif a pour point
de départ la double idée de défense sociale et de réparation
du dommage causé. Examinons donc les différentes mesures
proposées, les unes, en conséquence de la première idée,
ayant pour but la ségrégation du délinquant ou son adaptation à la vie sociale, dans les cas où elle est possible, les

____

(1) Ferri, *op. cit.*, p. 513.

autres ne visant que le simple dédommagement. Puis nous verrons comment l'organisation de ces mesures s'accorde avec la classification des criminels.

I

La peine de mort doit-elle être admise comme le moyen le plus radical de ségrégation ? C'est l'opinion à laquelle se rallie M. Garofalo ; seule cette peine est capable à son avis d'assurer l'élimination absolue et la mise hors d'état de nuire des criminels les plus dangereux ; tous les autres moyens ne sauraient à cet égard la remplacer, « d'abord parce que le chiffre annuel des évasions prouve que l'élimination n'est pas absolue ; ensuite parce qu'il y a bon nombre de probabilités, telles que révoltes, grâces, amnisties, etc., qui peuvent rendre le condamné à la société ; enfin parce qu'il n'arrive pas trop rarement que les condamnés à perpétuité assassinent de malheureux gardiens ou des gendarmes chargés de les transporter d'une maison à l'autre (1) ». La peine de mort est donc nécessaire, et à ceux qui lui objectent que la rigoureuse nécessité, dans son système, ne conduirait qu'à rejeter, hors de la vie sociale les individus non-adaptables à la société, et non pas à les priver entièrement de la vie, M. Garofalo répond que l'existence humaine et l'existence sociale sont deux expressions synonymes, car, au moins à l'heure présente, on ne peut concevoir l'homme isolé et vivant en dehors de toute espèce de société ; l'individu qui serait transporté sur les points du globe actuelle-

(1) Garof. op. cit., p. 108.

ment inhabités périrait infailliblement. Il n'y a donc pas excès dans la réaction. D'autres voient une contradiction, dans
un système qui définit le crime par une offense au sentiment
de la pitié, à chercher un remède dans un procédé qui, à
n'en pas douter, blesse ce même sentiment ; rien n'est
moins vrai, réplique notre auteur, et il n'a pas de peine à
prouver que les sentiments inspirés par une exécution capitale n'ont aucun rapport avec les sentiments inspirés par le
crime : la pitié dérive de la sympathie, et notre sympathie
n'existe pas pour un malfaiteur qu'on nous représente comme si totalement dépourvu d'instincts moraux et différent
de nous intellectuellement, que nous ne pouvons voir en lui
notre semblable.

Quant à la prétendue immoralité de la peine de mort,
c'est là une formule déclamatoire qui ne correspond nullement à la réalité des choses. « On ne voit pas quelle est l'u-
tilité de garder en vie des êtres qui ne doivent plus faire
partie de la société, on ne comprend pas le but de la conservation d'une vie purement animale, on ne s'explique pas
pourquoi les citoyens, et par conséquent les familles mêmes
des victimes doivent payer un surcroît d'impôt pour donner
un logement et la nourriture à des ennemis perpétuels de
la société (1) ».

La peine de mort enfin a deux grands avantages : elle est
intimidante (2), et quand bien même on prouverait que

(1) Garof. *op. cit.*, p. 409.

(2) M. Garofalo cite de nombreux faits dans l'énumération desquels nous ne pouvons évidemment le suivre, mais qui font bien
voir que la peine de mort produit un certain effroi, principale
ment sur les débutants du crime, qui ne se rendent pas bien compte des suites précises de leurs actions. La statistique montrerait

d'autres peines à certains points de vue seraient susceptibles
de lui être substituées, nous devons, ayant démontré qu'elle
ne constitue pas une réaction excessive, nous prononcer en
faveur de celle qui offre le plus d'avantages indirects. L'intimidation n'est pas pour M. Garofalo un des attributs principaux des peines. Il serait injuste « de faire souffrir à un
homme un mal plus grand que son individualité ne l'exige,
pour le seul but de l'exemple et de l'intimidation. Nous avons
dit qu'à chaque délinquant il faut adopter le moyen répressif qui convient le mieux à sa nature individuelle, en raison
de son manque plus ou moins grand d'*idonéité* à la vie sociale, de la plus ou moins grande probabilité qu'il devienne
assimilable ; sans quoi d'affreuses injustices et cruautés
pourraient être commises en vue de la prévention des crimes (1) ». Mais au moins, si l'on rencontre une peine à la fois
intimidante et admissible sous tous autres rapports, ne faut-
il point la rejeter. D'autre part, la peine dont il s'agit aurait
pour effet une sorte de sélection artificielle, une amélioration
de la race par la disparition de ses membres les plus dépra-
vés, et surtout (avantage dont nous avons eu déjà l'occasion
de parler), par celle de leur descendance future. Cette théorie, Lombroso l'a poussée à l'extrême, et il voit dans l'épu-
ration de l'espèce humaine par les supplices d'antan une
des causes de la plus grande moralité de notre époque par
rapport aux temps passés.

une augmentation des crimes dans les pays où la peine de mort est
abolie ou tombe en désuétude.

(1) Garof. *op. cit.* p. 410. Remarquons encore une fois que l'Ecole
Italienne n'a pas pour la liberté individuelle et ses garanties le
mépris qu'on se plaît à lui attribuer.

D'ailleurs, pour avoir un effet bienfaisant, la peine de mort devrait être appliquée sur une plus vaste échelle qu'elle ne l'est dans les législations actuelles, où elle semble, bien à tort, exciter une sorte de honte, et où mille obstacles viennent la paralyser. Dans certains pays, bien qu'inscrite dans la loi, elle est tombée en désuétude; c'est là un état de choses extrêmement fâcheux, car c'est moins la menace pénale que la pratique pénale que connaissent les criminels, c'est le fait, et non le droit, qui les frappe, et d'autre part la certitude d'une peine est de tous ses caractères le plus précieux au point de vue de son efficacité (1).

La légitimité de la peine de mort ne fait non plus aucun doute pour M. Ferri; cependant, il n'en est point partisan, car il conteste sa nécessité. Pour lui la ségrégation par des moyens quelconques est suffisante, et le nombre des évasions est trop restreint pour qu'on puisse le faire entrer en ligne de compte. Quant aux propriétés intimidatrices de la peine capitale, elles lui semblent très contestables; intimidante, elle le serait pour un homme normalement organisé; mais pour un criminel, elle ne doit avoir que peu d'effet, car « ou bien il est transporté par une passion soudaine, et alors il ne pense à rien ; ou bien il agit avec calme et préméditation, et alors il est déterminé à agir, non pas par une comparaison hypothétique entre la peine de mort ou la réclusion à vie, mais seulement par l'espoir de l'impunité : surtout les criminels-nés, dont le caractère fondamental, avec l'insensi-

(1) On peut ici se souvenir des théories de Bentham sur la valeur apparente et réelle des peines, la valeur apparente devant surtout être recherchée, et de celles de Beccaria sur l'importance de la certitude dans le châtiment.

bilité, est justement l'imprévoyance excessive. » (1) Mais, tout en se déclarant en principe contre la peiné de mort, M.' Ferri est d'accord avec M. Garofalo pour reconnaître que les législations qui l'admettent devraient en faire un usage beaucoup plus fréquent qu'aujourd'hui. « Une *saignée* de quelques centaines d'assassins chaque année pourrait avoir un effet sensible de sélection artificielle. » (2)

En dehors de la peine de mort, il existe deux grands procédés de ségrégation : la déportation et l'internement dans un établissement pénitentiaire. Que ces peines puissent légitimement être perpétuelles, c'est ce qui résulte des principes mêmes de la pénalité ; elles le seront dans les cas où la défense sociale l'exigera, et des peines perpétuelles seules peuvent avoir les mêmes effets d'élimination que la peine de mort. « Avant tout il est parfaitement inutile d'opposer l'amendement des criminels à la perpétuité de leur détention, puisque on sait que les criminels-nés, auteurs des crimes les plus graves, et pour lesquels est réservée la ségrégation à perpétuité, sont justement ceux dont l'amendement n'est pas possible, et que le sens moral qu'on leur attribue n'est qu'une illusion psychologique du criminaliste classique, qui prête à la conscience du criminel ce qu'il sent dans sa conscience honnête et normale. » (3)

(1) Ferri. « *Sociologie criminelle* », p. 530.

(2) Ferri. « *Sociologie criminelle* », p. 532. M. Ferri, dans son livre sur « *Les criminels dans la littérature et dans l'art* », nous dépeint l'impression de dégoût que lui causa une exécution capitale à laquelle il assista à Paris en août 1889 ; mais il ne peut tirer argument de semblable fait, puisque lui-même reconnaît que la déplorable organisation administrative de cette peine est pour beaucoup dans l'immoralité actuelle des exécutions.

(3) Ferri. « *Sociologie criminelle* », p. 536.

La déportation, sous le rapport de l'élimination perpétuelle, a certainement de très grands avantages ; mais il faudrait qu'elle fût organisée tout autrement qu'elle ne l'est par les législations existantes ; si l'on construit des pénitenciers dans les pays d'outre-mer, autant vaudrait en construire dans la métropole, les frais en seraient moins élevés. La déportation devrait être une mesure préparatoire à la colonisation : les travaux pénibles d'établissement de colonies, les défrichements, percements de routes, voilà ce qui doit être attribué aux déportés. M. Ferri propose même une sorte de déportation intérieure pour l'Italie, dans les pays où règne la malaria : « si celle-ci, pour être éliminée, exige une hécatombe humaine, il est évident qu'il vaudrait bien mieux sacrifier les criminels au lieu de paysans honnêtes (1) ».

Cette conception est à peu près celle de M. Garofalo. La déportation doit se faire dans des contrées éloignées, aussi peu peuplées que possible, « et où le travail assidu soit la condition absolue de l'existence (2) ». C'est évidemment là ce qui manque aux travaux forcés modernes, où la vie matérielle du moins est assurée pour les condamnés. Cette obligation au travail peut arriver quelquefois à réformer certaines natures et à obtenir une véritable régénération.

(1) *Id. ibid.* p. 538. C'est là une idée que l'Angleterre mit jadis en pratique (colonisation de l'Australie par les convicts), dont la Russie encore actuellement fait d'utiles applications (mines de cuivre de Sibérie, construction par les forçats du chemin de fer Transsibérien), et qu'en France on néglige malheureusement, alors que les évènements de ces dernières années auraient permis d'en tirer grand profit.

(2) Garof. *op. cit.*, p. 425.

« Si la neurasthénie est insurmontable, et que le relégué trouve le moyen d'exercer dans la colonie son activité malfaisante, une nouvelle élimination devient nécessaire ; on le conduira dans une contrée sauvage, et on l'y abandonnera ; il y deviendra l'esclave des indigènes, à moins que ceux-ci ne le transpercent de leurs flèches (1) ». A ceux qui objectent que s'il y a encore des contrées dépeuplées et susceptibles de recevoir ainsi le rebut des nations civilisées, on peut prévoir que dans un avenir, assez éloigné du reste, aucun pays du monde ne se trouvera sans habitants et que la place viendra à manquer, on répond que l'inquiétude du futur ne doit pas faire négliger les avantages présents : parce qu'une peine n'est pas susceptible d'avoir une application indéfinie, est-ce une raison pour la rejeter, alors que le profit en est certain ?

L'internement a joué, on le sait, dans l'histoire de la science criminelle au XIXᵉ siècle, un rôle considérable. L'école pénitentiaire y a vu la peine type ; d'innombrables systèmes et perfectionnements ont été proposés ; que faut-il penser de ce mouvement remarquable des théories qui l'engendrèrent ?

Quelle que soit sa forme et son organisation, M. Garofalo rejette absolument la détention temporaire avec durée fixée à l'avance, système cependant qui triomphe aujourd'hui. La détention temporaire est en effet parfaitement inutile ; la prison n'effraye en aucune façon le criminel, ainsi que le prouvent de nombreuses observations faites par divers criminalistes et en particulier par Lombroso, qui a recueilli

(1) *Id. ibid.*

des documents fort probants à ce sujet (1). Comme d'ailleurs les divers systèmes proposés sont tous extrêmement
coûteux, le résultat n'est pas en rapport avec la dépense. La
réclusion ne pourrait avoir d'utilité que comme moyen d'élimination si elle était perpétuelle (et nous avons vu que dans
ce cas la peine de mort lui serait préférable), ou bien dans
certaines circonstances spéciales, telles que l'emprisonnement préventif pendant la durée d'un procès ou de son instruction ; nous y reviendrons bientôt.

M. Ferri est moins absolu, et les mesures d'emprisonnement ne lui paraissent pas aussi inapplicables. Seulement, lui
non plus ne peut admettre le système d'internement pour
une durée fixe qui est le procédé actuel, et ne cadre en
rien avec la conception positive de la pénalité ; s'il y a internement, il doit avoir lieu pour une durée indéterminée :
il s'agit ou bien d'adapter le criminel à l'existence sociale,
et évidemment on ne peut prévoir d'avance le temps que
demandera cette adaptation, ou bien de l'éliminer, et alors
la mesure ne peut avoir un caractère temporaire. M. Ferri
se déclare donc partisan des « *sentences indéterminées* »,
qui dans ces dernières années ont donné lieu à tant de discussions. Il rejette même l'indication par le juge d'un ma-
ximum et d'un minimum, entre la limite desquels l'adminis-
ration aurait toute latitude, comme le proposa M. Von Liszt ;
cette espèce de transaction avec les théories pénitentiaires

(1) C'est à tort que M. Lucchini plaisant e agréablement les dic-
tons et chansons rapportés par les criminalistes italiens. La méthode employée par ceux-ci nous paraît excellente, pour l'observation psychologique des détenus; et il en ressort avec évidence
que l'emprisonnement n'exerce sur ces derniers aucune espèce
d'influence bienfaisante. V. Lucchini « *Le droit pénal et les nouvelles théories* », et Lombroso « *Palimsesti del carcere* » Turin. 1891

actuelles lui paraît inutile. Le seul inconvénient des sentences indéterminées résulte des difficultés d'organisation administrative. Il faudrait créer des commissions de surveillance, lesquelles devraient être composées de fonctionnaires
administratifs, d'experts anthropologistes-criminalistes, de
magistrats et des représentants du ministère public et de la
défense. De cette façon, les garanties du condamné ne seraient
aucunement sacrifiées, et la protection sociale assurée d'une
manière plus parfaite que par le régime actuel, sous lequel
des malfaiteurs dangereux sont mis en liberté à date fixe.

Du reste, les libérations prononcées par la commission de
surveillance ne devraient pas toujours être définitives. La
ibération conditionnelle complète très heureusement la ségrégation indéterminée. Cette institution, remarque justement
M. Ferri, ne porte pas actuellement tous ses fruits, parce
qu'on la fait reposer « sur le seul criterium bien illusoire de
la soi-disant bonne conduite du condamné, qui.... ne peut
avoir que la valeur négative de l'absence de graves infractions disciplinaires (1) ». Au contraire, la libération conditionnelle n'aurait lieu qu'après une enquête infiniment plus
sérieuse, un véritable examen physio-psychologique du condamné; elle sera donc par le fait exclue lorsqu'on se trouvera en présence de criminels-nés, auteurs de crimes graves.
Ainsi sagement appliquée, cette mesure rendrait moins nécessaire la surveillance de la police, très difficile, très coûteuse
et surtout désastreuse pour le reclassement des libérés (2).

(1) Ferri, *op.*, *cit.* p. 501.
(2) M. Ferri ne goûte pas beaucoup le reclassement par les sociétés
de patronage, qui partent généralement de principes faux, patron-
nant les incorrigibles aussi bien que les autres, et contre lesquelles
il relève l'objection de la non protection des travailleurs honnêtes.

En ce qui concerne l'organisation même du régime d'internement, il va sans dire qu'il importe de réagir contre le faux humanitarisme des pénitentiaristes classiques : les prisons modernes sont un véritable défi au bon sens. Il semble bizarre de rappeler que le séjour du pénitencier doit être rendu d'une grande rigueur (1). D'abord l'obligation au travail devrait y être absolue, et le produit de ce travail servirait à payer à l'État l'entretien du détenu et à indemniser les victimes du délit. « Sur la porte des prisons, dit M. Ferri, je voudrais voir gravée la maxime qui devrait être appliquée à tous les hommes : qui ne travaille pas ne mange pas ». Il y a en effet un véritable illogisme à ce que les individus restés honnêtes puissent périr de privations, sans avoir à réclamer de secours, alors que les prisonniers ont le droit de se livrer à la fainéantise, déchargés du souci de la vie matérielle. Ne voit-on pas des malheureux, poussés à bout par la faim, commettre un délit quelconque avec le seul but de s'assurer le vivre et le couvert dans une prison ? Naturellement il faudrait organiser le travail de manière à créer pour les industries avoisinantes le moins de concurrence possible et renoncer au régime de l'entreprise, ce qui permettrait d'attribuer aux détenus un salaire égal à celui des travailleurs libres, mais partagé comme nous l'avons dit ci-dessus.

Le régime cellulaire n'est guère conciliable avec ce système de travail; du reste, même à d'autres points de vue, il

(1) Le rétablissement des peines disciplinaires corporelles serait à ce point de vue désirable : elles sont seules capables de maintenir certaines natures violentes, et d'ailleurs, en fait, elles sont clandestinement appliquées dans les prisons, étant inévitables. Autant faire une règle de ce qui n'est actuellement qu'un abus nécessaire.

prête grandement à la critique. L'isolement cellulaire est une peine barbare et qui n'a aucunement l'excuse de l'utilité ; il est même nuisible, car si le criminel est un individu manquant de *sens social*, ce n'est évidemment pas le moyen de le lui faire acquérir que de l'enfermer et de le maintenir dans une solitude abrutissante, susceptible d'amener chez lui à la fois la dégénérescence physique et l'atrophie des facultés mentales. Veut-on rendre la cellule moins cruelle, on tombe alors dans un inconvénient beaucoup plus considérable, et que nous venons de signaler, l'immoralité d'un traitement confortable pour les malfaiteurs, « outrage à la misère honnête des chaumières et des mansardes. » Encore une fois, c'est une erreur de croire que la méditation et la réflexion peuvent amender le coupable ; la cellule, présentée comme une sorte de panacée, n'est nullement en état de modifier les facteurs subjectifs, et surtout externes, vraies causes de la criminalité. « L'erreur des pénitentiaristes a été justement de concentrer leur attention exclusivement sur la cellule et dans la cellule, en oubliant les facteurs externes de la criminalité ; de sorte que, par un phénomène psychologique assez commun, la cellule pour les pénitentiaristes est devenue ce que l'argent est pour les avares ; elle a cessé d'être un moyen, pour devenir but à soi-même (1). » D'ailleurs, l'isolement même n'est que très relatif ; les détenus ont imaginé mille moyens secrets de communication et déjouent toute surveillance. Enfin le régime cellulaire est extrêmement dispendieux, tellement qu'il est resté partiellement inappliqué dans la pratique pour

(1) Ferri, *op. cit.*, p. 551.

des raisons budgétaires, bien qu'il fût adopté par la plupart des législations.

M. Ferri rejette donc l'isolement complet, mais admet l'isolement nocturne ; le travail en commun devra se faire autant que possible à l'air libre. « L'air, la lumière, le mouvement, le travail agricole, surtout dans les pays méridionaux et pour la majorité des détenus, qui sont des paysans, voilà les seuls désinfectants physiques et moraux possibles pour les criminels non complètement dégénérés, et qui, pour les criminels non corrigibles, empêcheront du moins leur abrutissement absolu, en leur imposant un travail hygiénique et plus rémunérateur (1). »— La colonie pénale agricole, tel est l'idéal, le procédé le plus parfait de ségrégation ; d'ailleurs à la colonie pourraient être adjoints des ateliers industriels, pour les condamnés urbains peu propres aux travaux du grand air. Ainsi sont évités en grande partie les effets dégradants de la promiscuité. Le travail des champs nécessite une sorte d'isolement relatif, ne permet pas l'agglomération et les multiples inconvénients qui en résultent, comme le travail en lieu clos.

Un semblable système ne cadre évidemment pas avec l'exécution des courtes peines ; mais ce n'est pas à regretter, celles-ci soulevant la réprobation unanime de tous les criminalistes. Des diverses mesures destinées à obvier à leurs inconvénients, la plus connue est la condamnation conditionnelle ; d'après M. Ferri, cette institution, soutenue à un point de vue quelque peu éclectique et en quelque sorte moyen entre l'école classique et l'école positive, n'a peut-être pas tous

(1) Ferri, *op. cit.*, p. 551.

les mérites qu'on lui attribue ; il faudrait, ce qui n'est pas
le cas en pratique, ne pas l'appliquer à tous les condamnés,
même primaires, indistinctement. Du reste, l'examen scientifique et consciencieux des caractères personnels, seul procédé de distinction rationnel, est à peu près impossible, étant
donné l'encombrement des tribunaux par les délits légers et
les contraventions. Tant que le système de procédure ne
sera pas modifié, aucune réforme pratique ne sera appli-
cable. De plus, autre inconvénient très grave dans l'organisation actuelle de la condamnation conditionnelle, on
laisse un peu trop de côté l'intérêt de la victime ; il faudrait donc tout au moins subordonner le bénéfice du sursis
au dédommagement préalable de celle-ci.

La vraie mesure susceptible de remplacer les courtes peines, c'est la poursuite rigoureuse de la réparation du délit :
voilà la véritable solution du problème. Nul besoin de condamnation conditionnelle à quelque autre pénalité. Nous
avons déjà exposé les théories de MM. Ferri et Garofalo à ce
sujet ; nous n'y reviendrons donc point, et passerons à la
très importante question de l'adaptation du traitement pénal
aux différentes catégories de délinquants.

II

La classification des criminels par M. Garofalo n'étant
pas absolument concordante avec celle de M. Ferri, nous
étudierons successivement les mesures proposées par ces deux
auteurs qui d'ailleurs sont d'accord sur les points principaux, et dont les opinions ne diffèrent que dans le détail.

Tous deux d'abord, et avec eux beaucoup d'aliénistes et

d'anthropologistes, parmi lesquels il faut citer Lombroso (1), réclament la création d'asiles spéciaux, de « manicomes », pour les criminels aliénés. Le système actuel ne donne en effet aucune garantie contre les tendances criminelles de certains fous. Les asiles ordinaires ne sont pas organisés pour recevoir et soigner les individus de cette sorte ; on les libère comme les autres fous sur guérison apparente, et à peine en liberté ils se livrent naturellement à de nouveaux excès. L'institution de sections spéciales dans les asiles n'est pas à recommander, « car sous la direction du même personnel il est trop difficile d'avoir l'application d'un régime et de règles disciplinaires aussi différents que ceux qui sont nécessaires pour les fous communs et pour les fous criminels (2) ». On a fait contre ce traitement spécial l'objection théorique que le fou est un être irresponsable de ses actes, qu'on ne peut par conséquent le qualifier de criminel au sens propre du mot, puisque l'action commise est purement involontaire, qu'on n'a donc aucun fondement, à raison de ses actes, pour le placer en dehors du droit commun : c'est un malade, non un malfaiteur. Mais l'Ecole Italienne a établi que le crime lui-même est un effet de l'anormalité individuelle et des conditions extérieures, et, alors même qu'il n'est pas commis par un aliéné, qu'il ne constitue pas un fait de volonté libre ; le fou offrant autant de danger que tout autre criminel, les raisons tirées de la défense sociale doivent donner prise contre lui. L'intérêt des futures victimes apparaît à M. Ferri comme aussi important que celui

(1) Lombroso : « *Sull' instituzione dei manicomi criminali in Italia* ». Dans *Rivista carceraria*, 1872, p. 105.

(2) Ferri, *op. cit.*, p. 522.

de l'aliéné ; la ségrégation indéterminée de celui-ci dans un établissement spécialement organisé en vue de cette mesure s'impose donc.

« Les asiles pour aliénés criminels devraient être de deux catégories avec discipline différente ; pour les aliénés auteurs de crimes graves et dangereux (meurtre, incendie, viol, etc,) et pour les aliénés auteurs de délits moins graves (petits vols, injures, outrages à la pudeur publique, etc.). Pour ceux-ci, la ségrégation pourrait être bien moins longue que pour les autres. Ainsi, en Angleterre, les condamnés plus graves (convicts) sont engagés à l'asile d'État (Broadmoor), tandis que les délinquants mineurs sont envoyés à un asile privé (Fistherton House). Les individus à renvoyer dans les asiles devraient être : I Les prévenus acquittés pour aliénation mentale, pendant l'instruction criminelle ou avec la sentence définitive. II Les condamnés, devenus fous pendant l'expiation de la peine. III Les aliénés, qui commettent des excès criminels dans les asiles communs. IV Pour l'observation psychiatrique, dans une section spéciale de l'asile, les individus soumis à jugement pénal et soupçonnés d'aliénation mentale (1) ».

En ce qui concerne les criminels non frappés d'aliénation mentale, M. Garofalo distingue, nous le savons, ceux à qui fait défaut le sentiment de la pitié, ceux qui manquent de probité, enfin ceux qui n'ont aucun de ces deux sentiments Dans l'adaptation de la peine, c'est tantôt le mobile du crime, tantôt la façon dont il a été exécuté, qui serviront d'indices pour déterminer la catégorie morale des malfaiteurs.

(1) Ferri, *op. cit.*, p. 525.

Pour le meurtre par exemple, les motifs exceptionnellement graves seront « le désir du gain, d'un avantage ou
d'un plaisir quelconque », « l'assouvissement d'un désir
pathologique » De même la gravité du crime sera augmen-
tée par cette circonstance que la victime n'avait rien fait pour
mériter la haine de son meurtrier, « ou lorsque ce qu'elle
avait pu faire n'aurait pas eu d'importance pour un homme
normal » : tel est le cas de parricide, ou de meurtre d'un
bienfaiteur : même des injustices venues d'une personne à
qui on doit de la reconnaissance ne poussent pas un individu normalement constitué à une vengeance sanglante. La
cruauté dans l'accomplissement du meurtre (tourments infligés à la victime, longue durée du supplice), doit être considérée comme un indice précieux pour l'appréciation de la
témibilité du criminel. Au contraire il n'y a pas à s'arrêter
à une circonstance que les législations modernes regardent
comme très importante, la préméditation. La soudaineté de
l'acte commis ou sa préparation par avance sont des faits
qui renseignent peu sur le vrai caractère de l'agent : un homicide non prémédité est un fait très grave lorsqu'il n'y a
pas eu provocation de la part de la victime ; au contraire,
une criante injustice peut parfois amener des représailles
réfléchies qui ne doivent faire préjuger en rien d'une perversité exagérée. Cruauté dans l'exécution et absence d'injure ou de provocation de la victime, voilà les deux critériums qui doivent remplacer celui de la préméditation et faire considérer l'auteur d'un crime comme offrant pour la société un danger exceptionnel. Il n'est pas possible de laisser
subsister « une seule probabilité » de récidive dans un genre
d'actes aussi monstrueux ; aussi la seule peine convenable

est-elle la peine de mort : l'élimination dans son mode le plus absolu est l'unique mesure à prendre.

Une deuxième classe de criminels est caractérisée par l'absence seulement partielle des sentiments altruistes : « ce sont les auteurs de meurtres dont le mobile n'est pas la recherche d'une pure satisfaction égoïste, mais qui sont l'effet d'un égo-altruisme, l'amour-propre, le point d'honneur, ou même d'un vrai altruisme déplacé, comme lorsqu'il s'agit de préjugés politiques ou religieux (1) ». Ici la réaction délictuelle n'a plus une illégitimité complète, car il y a une sorte de provocation ; seulement elle est excessive, et cet excès constitue l'anormalité. Mais dans l'appréciation de la provocation, qui seule peut donner la mesure de cette anormalité, il ne faut pas faire entrer les motifs tirés de l'affectivité spéciale et exagérée du criminel, car c'est précisément celle-ci que va viser la peine ; il faut apprécier la provocation par rapport au commun des hommes, au sentiment moyen, tenir compte de la classe sociale, des mœurs du pays, etc. Ainsi le meurtre commis par un mari pour adultère est excusé « par la vivacité universelle du sentiment d'honneur ; » le meurtre immédiat exercé par un individu sur celui qui l'a outragé publiquement, ou encore sur un agresseur alors que le danger n'était plus pressant sont des actes qui ne font pas apparaître une anomalie bien certaine. « Le moyen répressif le plus rationnel devrait consister dans l'éloignement du délinquant de l'endroit où vit la victime ou sa famille, avec défense d'y retourner avant un certain temps, pour qu'on puisse penser que le ressentiment en soit apaisé ; en tout cas

(1) Garof. « *La criminologie* », p. 414,

avant qu'il lui ait payé l'indemnité qui lui est due (1) ». De
cette catégorie de crimes, il faut rapprocher la criminalité dite
endémique, c'est-à-dire celle qui vient uniquement des mœurs
du pays : par exemple l'exercice de la vendetta en Corse ;
il y a, quoique évidemment elle ne soit pas sans excuse,
lésion plus grave du sentiment de pitié que dans les cas ci-
dessus. Le traitement consisterait encore dans l'éloignement
du coupable, mais plus sévère ; il faudrait une sorte de relégation avec une surveillance suffisante pour empêcher les
évasions ; on peut espérer que le temps modifiera des caractères qui somme toute ne sont pas absolument vicieux ;
le passage de l'adolescence à l'âge mûr, le mariage, etc.,
peuvent amener une salutaire transformation. Il y aurait là
un cas d'application de la sentence indéterminée.

D'autres faits que l'homicide peuvent indiquer chez leur
auteur une perversité profonde, par exemple « les blessures,
faites avec intention de défigurer, de rendre malade ou
aveugle, les mutilations, le rapt, le viol, les sévices sur une
personne incapable de se défendre, la calomnie, la séquestration prolongée d'une personne ». Souvent l'auteur sera
atteint de quelque affection mentale, qui nécessitera son
internement dans un asile d'aliénés criminels. S'il ne se
trouve pas dans ce cas, et que les faits dont il s'agit aient
une certaine continuité, la ségrégation est indiquée : la
mort serait le meilleur moyen, mais lorsque le sentiment
public serait trop choqué par une semblable mesure, on
pourrait la remplacer par l'abandon dans les contrées déser-
tes dont il a été déjà parlé, « et que les innombrables peti-

____
(1) Garof, *op. cit.* p. 415.

tes îles océaniennes et les immenses déserts de l'Afrique rendront possibles pour plusieurs siècles encore » (1). Si les faits se présentent comme isolés et accidentels, ils ne prouvent pas une insociabilité absolue; aussi la relégation indéterminée dans une colonie d'État suffira-t-elle; la libération ne devra bien entendu avoir lieu qu'après amendement certain et dédommagement à la victime.

Les jeunes criminels, auteurs de meurtres ou de viols, devront également être mis en observation, d'abord dans un asile d'aliénés criminels pour s'assurer s'il n'y a pas maladie mentale; si une semblable affection n'existe pas, une deuxième période d'expérience aura lieu dans une colonie agricole; si des observations il résulte qu'on se trouve décidément en présence d'un incorrigible, la déportation avec abandon sera le seul remède, à défaut de la peine de mort. Dans tous les cas il faut soigneusement éviter de fixer un âge invariable de minorité pénale : le développement intellectuel et moral doit être une pure question de fait.

Enfin une classe spéciale de délinquants est constituée par des individus non pas précisément cruels, mais ayant une certaine « rudesse », un manque d'éducation et de retenue; ainsi les auteurs de coups et blessures au cours d'une échauffourée, d'homicide par imprudence, de séduction sans violence. Ici s'appliquerait la contrainte rigoureuse au dédommagement, sans préoccupation d'autre peine.

En ce qui concerne les criminels dépourvus du sentiment

____

(1) Garofalo, *op. cit.*, p. 419. Cette mesure ne nous paraît pas très heureuse, en ce qu'elle ne garantit pas suffisamment contre le retour du condamné.

de probité, et en laissant de côté les anomalies pathologiques telles que la kleptomanie, les voleurs et escrocs incorrigibles, que leur improbité soit congénitale ou acquise, doivent être déportés et employés aux travaux de colonisation ;
— ceux dont la dépravation n'est pas complète, mais qui cependant sont incapables de résister à l'occasion de mal faire
demandent un traitement général par changement de pays,
d'habitudes, de genre de travail. Il faut cependant faire des
distinctions. Les jeunes délinquants, poussés au mal par le
mauvais exemple, seraient placés dans des colonies agricoles ; en les soustrayant ainsi à l'influence du milieu, on peut
espérer qu'ils ne deviendront pas des malfaiteurs habituels ;
— les voleurs adultes, entraînés par le désœuvrement, l'i-
gnorance d'un métier, l'abandon, l'esprit de vagabondage,
pourraient être enrôlés dans des compagnies d'ouvriers, où
ils travailleraient pour le compte de l'Etat, une partie de leur
salaire devant servir à payer les amendes et les dommages-
intérêts. En cas de récidive, après libération, il faudrait recourir à la relégation perpétuelle, puisqu'il y aurait indice
d'aversion persistante pour le travail et l'existence honnête.
Enfin certains délinquants ne sont nullement pressés par le
besoin : ils possèdent une certaine situation sociale, mais leur
cupidité a été excitée tout à coup par quelque circonstance
exceptionnelle, ou bien ce sont des concussionnaires, des ban-
queroutiers, etc. Pour ceux-là, l'obligation au dédommagement
rigoureux et le paiement d'une amende seront les mesures
les plus convenables, en faisant apparaître clairement que la
conduite malhonnête ne procure aucun avantage, et tourne
même au détriment de celui qui s'y laisse aller. On pourra
y joindre après l'entière exécution de cette peine la priva-

tion de certains droits et prérogatives. La récidive devrait comme dans le cas précédent conduire à la relégation.

Donc jusqu'ici en aucun cas il n'a été nécessaire de recourir à l'emprisonnement, peine funeste ; cependant en quelques circonstances il pourra être utile, lorsqu'il s'agit de mettre matériellement certains délinquants hors d'état de nuire ; tel est par exemple le cas des faux-monnayeurs ; il faudra les emprisonner assez longtemps pour qu'on puisse supposer qu'ils n'ont plus d'associés, car ces malfaiteurs ne sauraient ordinairement opérer isolés. L'emprisonnement servirait enfin de sanction intimidante à certaines prescriptions légales dont l'inobservation ne peut être considérée comme un véritable délit naturel : on l'appliquerait par exemple aux crimes et délits politiques, aux rebellions, aux actes de désobéissance à l'autorité. Dans tous ces divers cas bien entendu le dédommagement et l'amende seraient employés concurremment avec la prison.

La classification criminelle selon M. Ferri n'est pas tout à fait semblable à celle dont nous venons d'exposer les grandes lignes. Outre les criminels aliénés, dont nous nous sommes déjà occupé, il distingue les criminels-nés, les criminels d'habitude, les criminels par passion, et les criminels d'occasion.

Contre les criminels-nés, il n'y a d'autre moyen à employer que l'élimination ; nous savons que l'auteur de la *Sociologie criminelle* n'est pas partisan de la peine de mort; il propose de la remplacer par la colonisation pénale, dans les pays incultes et à défricher pour les adultes, dans les pays déjà cultivés pour les jeunes délinquants. La récidive n'est le plus souvent que l'indication la plus précise de la criminalité

innée ; ce qui vient d'être dit de cette forme de criminalité
s'applique donc aussi aux récidivistes.

Les criminels d'habitude offrant un double caractère, selon
qu'on les étudie à leur premier crime ou au contraire lorsque la conduite antisociale est devenue pour eux ordinaire,
il faut distinguer entre les deux périodes : à la première
s'appliquera le traitement des criminels d'occasion, que
nous allons étudier, à la seconde le traitement qui vient d'ê-
tre indiqué pour les criminels-nés ; cependant les délinquants
habituels étant en général coupables d'actions moins graves
que ces derniers, et par conséquent moins dangereux, on
pourra en ce qui les regarde, faire subir à la discipline quelques adoucissements.

Contre les délinquants d'occasion, évidemment ce sont
surtout les moyens préventifs, les substitutifs de la peine,
qui sont appelés à jouer le rôle principal : il s'agit de neutraliser les facteurs externes du crime. Mais celui-ci une
fois commis, il importe d'empêcher que son auteur ne devienne un criminel d'habitude incorrigible.

Il faut distinguer les jeunes gens des adultes, les moyens
préventifs de la récidive devant avoir beaucoup plus d'action sur les premiers : il s'agit d'ailleurs, en faisant cette
distinction, et M. Ferri sur ce point est du même avis que
M. Garofalo, de se référer au criterium physio-psychologique, à l'étude subjective de chaque délinquant, et non pas
de poser des règles arbitraires et compliquées, comme le
font les Codes existants. Pour les jeunes délinquants, l'emprisonnement doit être rigoureusement exclu, les maisons
de correction abolies, car l'agglomération est toujours perni-
cieuse, surtout pour cette catégorie de criminels. A recom-

mander au contraire sont encore ici les colonies agricoles, et
aussi la consignation isolée dans les familles de cultivateurs.
Les courtes peines d'emprisonnement étant également reje-
tées en ce qui concerne les criminels d'occasion adultes, et
les divers systèmes proposés pour les remplacer (arrêts à la
maison, caution « *de bene vivendo* », avertissement judiciaire, travail obligatoire, exil particulier, condamnation
conditionnelle) paraissant à M. Ferri peu satisfaisants parce
qu'ils sont assez inefficaces ; il faudra se contenter de la réparation du dommage causé, si le fait est de peu d'importance ; en cas d'infraction plus sérieuse, au dédommagement
on adjoindra l'éloignement temporaire du lieu du délit ou
même la ségrégation indéterminée dans une colonie agricole
en cas de crime exceptionnellement grave.

Pour les criminels par passion, toute espèce de pénalité
est forcément inutile, en tant que procédé d'intimidation,
puisque l'impulsion passionnelle en détruira presque toujours l'influence ; la réparation du dommage est la seule
mesure indiquée ; on y joindra parfois l'éloignement du lieu
du délit comme satisfaction donnée à la victime ou à sa famille. Assez souvent d'ailleurs le délinquant par passion pré-
sentera des anomalies mentales qui nécessiteront son envoi
dans un asile d'aliénés.

III

Les réformes réclamées par l'école Italienne dans la pénalité et dans son application nécessiteraient à coup sûr une
refonte presque complète de toutes les législations en ce qui

touche la procédure criminelle (1). Les lois actuelles, ainsi que le proclame énergiquement M. Garofalo, sont souvent de vraies « lois protectrices du crime » (2). L'extrême complication et l'incohérence de la procédure finit toujours par tourner au profit du malfaiteur

Les deux principes généraux d'organisation judiciaire sont suivant M. Ferri : 1° Le rétablissement de l'équilibre des droits et des garanties entre l'inculpé et la société, et 2° L'adaptation par le jugement pénal de la forme de sanction la plus convenable à la personnalité du criminel, remplaçant la recherche d'une insaisissable culpabilité morale, et l'application impersonnelle au crime d'un article du Code pénal (3).

A l'heure présente, les droits de l'individu, par une réaction contre les abus des siècles passés, sont notablement exagérés ; les théories classiques inspiratrices de nos Codes ont dépassé la mesure, et il convient de la rétablir dans de justes proportions. C'est ainsi que la présomption d'innocence, évidemment louable en elle-même, donne lieu à de véritables abus. La maxime « in dubio pro reo » doit trouver son application dans le jugement et l'instruction des procès, mais

_____

(1) Ce sont en effet, selon M. Ferri, les lois de procédure qui portent sur le terrain pratique les menaces législatives ; tout perfectionnement dans la pénalité est forcément condamné à rester sans effet si son application n'est pas rationnellement organisée. Si les chances d'impunité atteignent une certaine probabilité, alors le métier de malfaiteur devient une véritable profession, ayant ses risques, comme les professions industrielles, mais dont l'exercice est suffisamment rémunérateur pour compenser cet improbable péril.

(2) Garof, *op. cit.* 3ᵉ partie. Chap. 3.

(3) Ferri, p. 433.

en cas de flagrant délit, ou d'aveux, surtout lorsqu'on est en
présence d'un criminel d'habitude, ne devrait-elle pas faire
place à la présomption opposée ? Le criminel récidiviste et
habituel ne pourrait-il être condamné sur des indices ? Le
criminel pris en flagrant délit doit-il être considéré comme
innocent pendant l'instruction jusqu'à preuve du contraire ?
Faut-il continuer à présumer innocents jusqu'à la décision
sur les voies de recours les individus condamnés par un
premier jugement ? Pourquoi enfin dans les décisions des jurys, l'égalité des voix doit-elle amener l'acquittement ? Ne
vaudrait-il pas mieux créer un verdict spécial, celui de « *non
prouvé* », qui établirait clairement la situation et ne mettrait
pas l'individu non condamné faute de preuves dans une situation favorable qu'il ne mérite pas ? Enfin que penser des
dispositions qui ne permettent pas la correction des erreurs
ou irrégularités commises dans le verdict lorsqu'elles ont pour
effet l'acquittement de l'accusé ? Le pourvoi dans le seul intérêt de la loi par le ministère public, pourvoi qui ne peut
nuire à l'accusé, la révision des procès admise seulement en
cas de condamnation sont également des abus provenant de
la même exagération.

Toutefois ce serait à tort, comme parfois on le répète,
qu'on croirait l'école positive disposée à sacrifier l'intérêt
individuel à l'intérêt social. Tout au contraire les criminalistes Italiens réclament une série de mesures destinées à
mieux assurer les droits de l'individu. Nous connaissons
déjà les théories sur le dédommagement aux victimes du
délit, conception individualiste. D'autres réformes présenteraient à coup sûr ce même caractère. Ainsi M. Ferri voudrait voir introduire dans les législations le système de

l'action populaire. La poursuite de tous les crimes commis étant, au point de vue sociologique, ce qu'il y a de plus désirable, les institutions destinées à faciliter cette poursuite doivent être accueillies favorablement : pourquoi donc limiter les droits des citoyens et subordonner l'effet de leurs dénonciations à l'agrément du ministère public? La mise en mouvement de l'action doit être accordée à tous les citoyens; il n'y a pas à craindre l'abus d'une pareille faculté, « surtout chez les peuples latins, qui n'ont pas trop d'initiative individuelle. » D'autre part, les mêmes motifs conduisent au contraire à une extension des pouvoirs du ministère public : il faut abolir la nécessité d'une plainte de l'offensé dans certains délits, car la poursuite est d'intérêt social, et cet intérêt ne peut pas être laissé à la discrétion des particuliers (1).

La réparation des erreurs judiciaires est encore un point trop négligé actuellement et sur lequel l'Ecole Italienne appelle l'attention. Une semblable réforme est d'ailleurs, ainsi que le remarque M. Ferri, rendue plus facile avec le système de pénalité proposé, où les peines pécuniaires jouent un grand rôle. Il y aurait lieu, comme nous l'avons vu réclamer par M. Garofalo, de créer une « Caisse des amendes », à laquelle seraient versés les fonds provenant des amendes, des produits du travail des détenus, et aussi des sommes attribuées d'office aux victimes à titre de dommages-intérêts et refusées par elles : cette caisse servirait à réparer pécuniairement les erreurs de la justice. Ceux qui ont droit à réparation sont tout d'abord les indivi-

(1) V. Garofalo. *op. cit.* p. 370 et s.

dus déclarés innocents après révision de leur procès, et aussi « ceux qui ont été acquittés parce que le fait ne constituait ni crime ni délit, ou bien parce qu'ils n'avaient pris aucune part au fait (d'où la nécessité à cet égard aussi de verdicts de « *non-prouvé* » pour distinguer les acquittements de diverses espèces), et pourvu que les poursuivis n'aient pas par leur conduite et leurs précédents de récidive, ou de délit habituel, donné un fondement raisonnable à leur procès (1). »

Enfin les criminalistes Italiens cherchent à diminuer la liste des petits délits et contraventions, peu dommageables ou commis par les délinquants d'occasion et par imprudence. La répression pénale n'a en cette matière aucune signification. Le simple dédommagement doit donc remplacer les mesures répressives. En définitive, il faut relâcher un peu par endroits, tandis qu'on le resserre par d'autres, « ce filet monstrueux de prohibitions et de peines, qui est si inflexible pour les petits contrevenants et menus délinquants, mais si élastique pour les grands malfaiteurs (2) ».

Le jugement pénal devant être fondé sur la nature physio-psychologique du délinquant, il n'y aura plus place pour « cette lutte de ruses, de manœuvres, de déclamations, d'expédients de procédure, qui font de tout procès pénal une expérience aléatoire, un vrai jeu de hasard, qui enlève toute confiance publique à l'administration de la justice, en la représentant comme une araignée qui arrête les mouches et laisse passer les guêpes (3) ». Des preuves appuyées sur

(1) Ferri. *op. cit.* p. 447.
(2) *Id.*, *ibid.* p. 449.
(3) *Id.*, *ibid.* p. 450.

des raisonnements logiques, voilà ce qui doit remplacer les flots d'éloquence, au milieu desquels se noie la vérité, dont tient lieu la fameuse « conviction intime » du juge (1).

Les preuves, on devra les étayer d'abord sur les éléments scientifiques fournis par les recherches de l'école anthropologique. Déjà l'anthropométrie est une application partielle de ce système. Il faut étendre et généraliser le procédé, qui doit former la base, le principe essentiel de tout jugement pénal. Combien on pourrait arriver ainsi à des résultats plus sûrs qu'avec le système actuel, presque exclusivement fondé sur le témoignage, la plus grossière de toutes les preuves! Les criteriums de crédibilité des témoins sont même fixés à l'avance par la loi (incapacités de témoigner, témoins entendus à titre de simple renseignement) et on ne se donne pas la peine de rechercher les véritables raisons qui porteraient à considérer un témoignage comme vicié, par exemple l'hystérie du témoin qui le rend enclin au mensonge. Il devrait exister auprès de chaque Tribunal un corps d'experts anthropologistes-criminalistes, dont le rôle serait beaucoup plus étendu que celui des experts actuellement en fonctions, lesquels n'ont à intervenir que dans des cas tout à fait spéciaux; ces collèges émettraient des vœux à la majorité des voix, et le juge aurait ainsi un guide plus sûr que dans le système actuel, où les experts n'offrent que peu de garanties, et où les défauts d'organisation produisent souvent entre eux de scandaleuses contradictions.

(1) Il n'y a pas là à notre avis opposition absolue avec les idées que nous avons rencontrées chez Beccaria, sur la *conviction intime.* C'est bien encore de conviction personnelle qu'il s'agit, mais de conviction scientifiquement établie.

M. Ferri réclame l'institution, à côté du ministère public,
d'une défense publique, dont les membres devraient être des
magistrats égaux en rang aux représentants de l'accusation :
ce qui permettrait d'abolir la défense d'office, système peu
satisfaisant. Quant aux juges eux-mêmes, bien entendu ils
devraient posséder les connaissances spéciales nécessaires
pour rendre une décision éclairée ; rien n'est plus mauvais
qu'un pur jurisconsulte pour rendre un arrêt en matière criminelle (1) ; habitué à discuter sur des abstractions et des
entités juridiques, il est tout à fait impropre à apprécier les
différences subjectives des délinquants. Donc le besoin d'une
éducation spéciale se fait indispensablement sentir. Le juge
doit posséder une capacité scientifique en rapport avec l'importance de sa fonction. Il faut de plus le rendre indépendant, en lui attribuant des honoraires plus élevés qu'aujour-
d'hui. Moyennant quoi, on pourra se passer de cette ridicule
institution du jury, pour laquelle les criminalistes Italiens
n'ont pas assez de sarcasmes.

Le jugement devenant chose scientifique et technique, il
est évident en effet qu'on ne peut laisser subsister un système
qui, sous prétexte d'impartialité, élève l'ignorance à la hau-
teur d'un principe. L'impartialité du jury n'est du reste rien
moins que prouvée. De plusieurs crimes, celui-là impres-
sionnera davantage les jurés, qui leur apparaîtra comme
pouvant plus probablement les atteindre. Tels seront en général les délits contre la propriété ; les meurtres par vengeance,
os viols, etc., les trouveront plus disposés à l'indulgence.

Ils sont de plus soumis à des influences désastreuses, la

(1) Garofalo. *op. cit.*, p. 393.

crainte de la vengeance des amis de l'accusé, par exemple.
Le jury n'est donc guère qu'en apparence une garantie de
la liberté; c'est au moins une garantie bien imparfaite (1).
On dit que le jury corrige la sèche rigueur des lois, qu'il la
tempère par l'équité, jugeant d'après sa conscience, sa conviction intime; mais c'est là une arme à double tranchant,
qui peut servir aussi bien contre que pour la liberté individuelle; la correction et l'interprétation de loi est extrêmement
dangereuse lorsqu'elle est faite par des incompétents; même
remarque pour la conviction intime; elle doit être de raisonnement, non de sentiment.

Mais surtout le jury est contraire à la grande règle sociale
de la division du travail ; à chacun sa spécialité, si l'on
veut que chaque fonction soit exercée avec compétence. La
justice pénale devrait-elle seule échapper à cette loi, et le
hasard seul décider? Un corps de jurés, même composé de
gens intelligents, peut encore être mauvais dans l'ensemble,
car la psychologie de la collectivité est différente de celle
de ses membres, surtout dans les assemblées transitoires :
l'inconvénient est moindre dans les collèges permanents,
comme ceux de juges, d'experts, etc. Quant à la prétendue
séparation du fait et du droit, à l'idée aussi que le jury ne
doit pas se préoccuper des conséquences de son verdict, ce
sont là des conceptions purement illusoires ; en réalité, le
jury prononce sur le « *crime* », c'est-à-dire sur un fait
« *juridique* », et la Cour sur la « *peine* », donc tous deux

(1) M. Garofalo remarque que, si le jury mérite ainsi une critique
générale, il y a cependant des pays où il est tellement enraciné et
répond si bien au caractère national, qu'il serait dangereux de le
supprimer, par exemple, en Angleterre.

sur le « *droit* ». Dans le jugement pénal il s'agit non-seulement de reconnaître les faits, mais de les apprécier au point de vue de leur causalité et de leur signification psychologique ; les faits ne peuvent pas être simples, et leur appréciation est au-dessus de la capacité moyenne, comme d'ailleurs les nombreuses bévues des jurys le prouvent.

On a voulu voir une contradiction entre la dénégation au peuple de la fonction pénale et l'admission de la fonction électorale ; mais celle-ci est beaucoup moins difficile à exercer, ne visant pas des buts positifs et directs : en outre l'objection ne pourrait guère conduire qu'à l'élection populaire des juges, ce qui aurait de nombreux inconvénients pratiques.

Pour l'instant, à défaut de suppression complète, il faudrait tout au moins réformer le jury ; on le maintiendrait pour les crimes politiques, où malgré ses préjugés, il offrirait plus de garanties que des magistrats sous la dépendance du gouvernement. Pour les crimes de droit commun, inutile de recourir au juge en cas d'aveux de l'accusé. De plus les circonstances atténuantes devraient être spécifiées, et le jury devrait pouvoir admettre de son propre chef une accusation moins grave que celle contenue dans les questions posées.

Enfin, trois institutions particulières paraissent tout à fait détestables à M. Garofalo : la publicité (aujourd'hui en partie reconnue en France) de l'instruction, la prescription pénale et le droit de grâce.

Le secret de l'instruction est seul capable, à son avis, d'amener à la découverte de la vérité, et la détention préventive doit être en conséquence une mesure obligatoire ;

elle n'empêche pas seulement le prévenu de prendre la fuite, mais encore de faire disparaître les traces du crime, de se concerter avec ses complices, etc. La liberté provisoire est donc à rejeter : l'arrestation immédiate frappe seule les masses, auxquelles le spectacle d'individus inculpés de crimes graves et laissés en liberté est un désastreux exemple. De plus, il y a très grand danger, s'il s'agit de criminels nés ou d'habitude.

La prescription de l'action pénale est également un injustifiable bienfait pour le monde du crime. La prescription civile se défend aisément, mais, lorsqu'il s'agit d'un malfaiteur, est-ce une bonne raison pour ne pas le troubler qu'il ait réussi pendant quelque temps à se cacher à la police? Dira-t-on qu'un certain nombre d'années passées sans nouveau délit font présumer un amendement, et qu'il n'y a plus aucune raison de poursuivre un individu revenu à une conduite meilleure? En ce cas, il faut substituer à ce criterium négatif (absence d'un nouveau délit) un criterium positif (preuve de la transformation morale). C'est le seul procédé vraiment rationnel; et même, cette amélioration fût-elle prouvée, le dédommagement du mal commis doit rester exigible.

Quant au droit de grâce, tel qu'on l'exerce aujourd'hui, c'est une générosité tout à fait déplacée; «en bonne justice, le gouvernement devrait être responsable des nouveaux délits commis par les malfaiteurs graciés par lui (1) ». Si la principale efficacité des peines vient de leur certitude, il est certain que la grâce, et aussi l'amnistie, qui, plus complète, abolit le délit lui-même, sont des mesures choquant le bon

____

(1) Garofalo, *op. cit.*, p. 401.

sens. Cependant, on pourrait leur trouver une application raisonnable, en les limitant à deux cas: lorsqu'il s'agirait de réparer une erreur judiciaire probable, elles serviraient à suspendre ou empêcher l'exécution de la peine, — et lorsque le délit commis ne serait pas un vrai délit naturel, mais un délit politique, ou une infraction aux lois de finance, d'administration, etc. En dehors de ces cas, « la grâce d'un grand criminel, c'est la violation du droit des citoyens d'en être délivrés pour toujours ».

Nous avons ainsi résumé dans leur ensemble ces théories de l'École Italienne, qui ont imprimé à la science pénale un mouvement si remarquable. Tout notre effort a tendu à les préciser et à les condenser, de manière à en bien dégager la suite logique, et à bien montrer l'esprit vraiment scientifique qui les anime. Violemment attaquées, parce qu'elles ont été trop souvent mal comprises, malgré les critiques et presque les injures d'adversaires parfois incompétents et peu informés, elles commencent à faire sentir dans la pratique législative et aussi dans la jurisprudence leur influence bienfaisante. Mais la doctrine surtout peu à peu s'en pénètre : MM. Tarde, Lacassagne, en France, M. Von Liszt en Allemagne, bien qu'ils se défendent contre l'absolutisme peut-être exagéré où Lombroso se jeta dans son enthousiasme de novateur, reconnaissent l'extrême importance des observations anthropologiques et sociologiques. Enfin, l'Union Internationale de Droit pénal, qui, fondée en 1880, compte parmi ses adhérents les plus illustres criminalistes du monde entier, s'est visiblement inspirée pour la rédaction de ses statuts des doctrines nouvelles dont les principes, à notre avis, sont appelés à jouer un rôle prépondérant dans la science pénale de l'avenir.

CONCLUSION

L'unité fondamentale des doctrines utilitaires.

Nous ne pouvons terminer cette étude sans répondre à un reproche qu'on serait tenté de lui adresser, celui de manquer d'unité et de réunir ensemble des doctrines quelque peu hétérogènes. Est-ce bien d'un même principe qu'il a été constamment question? Quel rapport y a-t-il entre les doctrines eudémonistes du commencement de ce siècle, où le droit nous apparaît comme une construction de l'esprit, tirée logiquement ou non de principes ontologiques et déontologiques, comme une suite à la morale, et le froid et scientifique positivisme de notre fin de siècle, dont les partisans reculent d'horreur au seul mot de métaphysique, et où l'homme n'apparaît plus en quelque sorte que comme matière à dissection, où l'individu humain ne conserve plus que sa qualité d'animal sociable, ses caractères moraux étant volontairement écartés? Le droit pénal tend à devenir une branche de la sociologie : c'est du moins ce que les partisans de l'École Italienne réclament à grands cris. La sociologie elle-même se rapproche jusqu'à un étroit rapport de la science biologique. Darwin, Spencer, Lombroso, les écoles Italienne, Allemande, Lyonnaise, etc., s'efforcent de réduire l'animal humain et ses agglomérations aux mêmes lois qui régissent la nature animée tout entière, de détruire ainsi l'illusion de la liberté morale, ou, ce qui est encore plus sûr, de la ravaler au rang d'une hypothèse dont ils n'ont nul besoin et qu'ils rejettent dédaigneusement comme inutilisable. Que nous voilà loin des idées Benthamistes, dont l'appellation même, la déontologie, implique la notion de volonté sinon libre, du moins consciente d'elle-même ; quelle distance également des éloquents appels du livre de Beccaria au respect de la dignité humaine, évanouie et comme disparue en fumée sous le scalpel des anthropologistes. Principes et conséquences, tout semble différent et séparé par un profond abîme lorsqu'on compare les théories actuelles et l'eudémonisme ancien.

Il n'en est rien, et nous allons tenter de dégager l'esprit commun de ces doctrines en apparence si hétérogènes. L'utilitarisme, théorie aussi vieille que le monde, depuis que le monde est pensant, puisque nous en pourrions suivre l'origine jusqu'aux époques reculées de la philosophie grecque, n'a pas encore trouvé sa fin. Les doctrines philosophiques, surtout les doctrines morales, ne sont point sujettes à périr: comme des plantes vivaces, elles disparaissent momentanément, mais elles laissent dans l'indéfinie succession des intelligences humaines des germes cachés qui, la saison venue, poussent de nouveaux rejetons et éclatent à la lumière. Si un péché originel est un principe de ruine pour la descendance de l'homme, il y a dans l'effort de l'intellectualité pour s'élever au-dessus d'elle-même et pénétrer l'épaisse brume qui lui voile la vérité comme une vertu originelle qui sanctifie cette énergie et rend impérissables ses créations. La science philosophique est une création humaine, mais c'est la nature éternelle qui l'inspire, et elle participe à cette

éternité. Le poète Lucrèce aurait pu faire à la doctrine même de son maître Épicure une merveilleuse application de
la grande vérité qu'il exprima d'un seul vers :

« *Ex nihilo nihil, ad nihilum nil posse reverti* »

Mais les rameaux nouveaux, obéissant à la loi de transformisme et d'adaptation au milieu, ne renaissent pas toujours
semblables à eux-mêmes ; issus de la même source, s'ils
conservent entre eux des traits d'affinité identiques et communs dans leur intimité profonde, leurs caractères extérieurs
peuvent différer complètement ; l'enveloppe superficielle
change et se transforme ; mais sous l'inconstance apparente
des évolutions gouvernées par des contingences naturelles ou
sociales, c'est toujours la même âme, le même moi collectif, emprunté pour ainsi dire à la personnalité de ceux qui
à l'idée commune dévouèrent la force de leur pensée, c'est
ce même vivifiant principe qui se retrouve immuablement
comme dans une sorte de métempsycose.

La notion de la « politique criminelle », telle qu'elle se
dégage des nouvelles doctrines et des tendances de l'heure
présente, est pour nous l'utilitarisme ancien assis sur de
nouvelles bases: la conception de la réaction sociale, de
défense commune contre l'agression, en vue de maintenir
l'ordre et par là d'assurer le bonheur général, sans aucune
autre considération étrangère, est l'idée caractéristique, le
lien qui aux deux bouts du siècle réunit les doctrines. La
notion d'utilité comprise de façon identique opposée à celle
de devoir absolu et adoptée sans réserve suffit pour donner

aux différents systèmes que nous avons exposés l'unité essentielle.

Bentham, nous l'avons vu, se révolte absolument contre la morale supérieure, la loi non écrite, le noumène selon lui vague et imprécis dont depuis des siècles on prétend faire la règle et le principe de la conduite humaine. Fonder l'organisation sociale tout entière sur une idée aussi discutée et dont les véritables applications donnent lieu même parmi ses partisans à des désaccords et à des divergences de vues considérables semble à cet esprit imperturbablement logique une aberration dangereuse. De même l'école positive voit un véritable péril social à vouloir s'embarrasser des lois d'un « impératif » absolu, d'un devoir en soi, impossible à déterminer exactement, inadmissible surtout en face des découvertes de la science moderne, qui retire peu à peu à l'homme ces attributs dont les anciennes philosophies s'étaient plu à l'orner ; l'homme cesse d'être une sorte de souverain dans l'univers, un roi dans la nature, pour n'être plus que l'esclave impuissant du dynamisme extérieur qui le gouverne au même titre que le reste de la création (1). Justice n'est qu'un mot vide de sens (si on veut lui faire désigner

(1) Des partisans de l'évolutionnisme à outrance vont jusqu'à nier l'individualité de l'animal humain. La thèse du *polyzoïsme*, c'est-à-dire de la pluralité de vies dans ce que nous avons l'habitude de considérer comme un individu a été soutenue particulièrement par le docteur Durand de Gros : cette conception, bien plus encore que le déterminisme de l'école positive, laquelle laisse subsister l'idée de personnalité, serait destructive de toute espèce de responsabilité.

V. Durand de Gros : « *Les origines animales de l'homme éclairées par la physiologie et l'anatomie comparatives* ». Paris, chez Germer-Baillière. 1871.

une notion absolue (1), pour les utilitaires anciens comme
pour les utilitaires modernes : mais ceux-ci font un pas de
plus, un second concept est par eux mis au rang des illu-
sions superstitieuses, celui de liberté, de responsabilité.

Et ce progrès à notre avis constitue la seule différence.
Nous avons eu à maintes reprises au cours de notre exposé
l'occasion de constater l'étrange conformité de vues qui
existe entre les nouvelles théories et certaines doctrines de
Beccaria ou de Bentham, où une sorte d'intuition, une pres-
cience quasi-géniale des vérités qui plus tard seulement
furent mises en lumière dans tout leur développement et leur
ensemble, viennent par un fécond anachronisme donner aux
idées une allure toute moderne, une solidité que le temps
n'a point encore réussi à ébranler, qu'il semble devoir forti-
fier au contraire par l'adjonction de raisons nouvelles.
Cette concordance dans le détail n'est point un effet du hasard. Elle est le résultat de cette unité dans la direction principale que nous essayons en ce moment de dégager : la
haine des idéologues, le souci d'affranchir la pratique de la
tyrannie des concepts non vérifiés, et de replacer l'homme
en quelque sorte dans la condition humaine déterminée autant qu'il est possible par les seuls moyens tirés de l'observation, tel est l'esprit général qui amena les utilitaires à leur
point de départ commun, dont l'adoption a dû forcément
produire de nombreuses rencontres, quels que soient d'ail-

(1) Car en un autre sens, la justice et la vertu sont des idées qui
tiennent une large place dans les théories des utilitaires : seulement ces philosophes en font des notions secondaires, subordonnées et non principales.
V. Stuart Mill. « *L'utilitarisme* ». Trad. Le Monnier. Paris 1889.

leurs les désaccords partiels résultant des difficultés d'application.

La fin de l'activité sociale pour Bentham est le bonheur de la société. Le but du combat contre le crime selon l'Ecole Italienne est en parfaite harmonie avec cette conception. « Certes l'activité humaine, comme du reste celle des animaux, nous dit M. Enrico Ferri, se développe tout entière entre les deux pôles du plaisir et de la douleur, par l'attraction de celui-là et la répulsion de celle-ci. Et la peine, une des formes sociales de la douleur, est toujours un motif direct de la conduite humaine, comme elle en est aussi un guide indirect, en tant que sanction du droit qui affermit inconsciemment le sentiment du respect à la loi (1) ». L'Ecole Italienne mérite au premier chef le nom d'école utilitaire, car c'est l'utilité comprise dans les mêmes termes qu'elle le fut jadis par Bentham et Stuart Mill qui la guide dans ses tendances. Bonheur individuel, bonheur social, conceptions eudémonistes, tout se retrouve enfermé dans la large formule évolutionniste de la lutte pour la vie et de l'adaptation individuelle aux lois et aux conditions de l'existence. La subsistance, dans la théorie de Bentham, c'est évidemment l'élément premier du bonheur, c'est l'indispensable bien dont la conservation régulière doit être le constant souci de l'éthique et de la législation. Le maintien de l'état social qui, pour lui comme pour Beccaria, constitue l'état normal de l'homme, doit primer pour le législateur toute autre préoccupation. Il apparaît comme le premier principe dont doivent s'inspirer les règles légales : c'est lui qui constitue à la fois la raison directrice

____

(1) Ferri. « *La sociologie criminelle* », p. 208.

et la limite de toute réglementation et de toute pénalité. Or ceci est l'idée même que développent et sous certains rapports perfectionnent MM. Garofalo et Ferri : la science pénale consiste tout entière dans le problème de la défense sociale contre les agressions qui tendent à détruire les fondements de la société. L'expansion de la vie commune, la nécessité de sa marche vers le bonheur universel, telles sont les justifications proposées des diverses mesures à prendre contre les insociables dont l'intervention aurait pour effet d'entraver le progrès.

Le trait d'union entre l'école eudémoniste et l'école utilitaire actuelle des criminalistes Italiens, c'est à n'en pas douter la doctrine évolutionniste : la nouvelle formule donnée au principe commun du bonheur universel est la formule même de Darwin et de M. Spencer. Pour M. Spencer la poursuite du bonheur doit être la règle de la conduite humaine : seulement, alors que les utilitaires proprement dits voient dans la félicité un but immédiat, qu'ils cherchent à en reconnaitre la nature et les modes, pour ensuite par l'observation déterminer les moyens les plus efficaces d'y arriver, la théorie spencérienne fait du bonheur la fin éloignée, l'objet suprême que se proposa le créateur, l'idée divine (*creative purpose*), vers laquelle dans son développement s'avance peu à peu l'activité humaine, mais qui ne peut être atteinte que dans un lointain avenir. A cette modification des idées eudémonistes, M. Spencer en ajoute une seconde : le bonheur, que les benthamistes nous présentent seulement comme une fin *désirable*, il le considère comme une fin *nécessaire*. Cette seconde conception est chez lui liée à un changement de méthode ; il ne pratique plus l'espéce d'observation, d'évaluation un peu empirique de ses prédécesseurs. Sa méthode consiste à étudier d'abord les lois de la vie, les conditions de l'existence, puis à en déduire logiquement quelles sont les actions qui, d'accord avec elles, tendent nécessairement à la félicité dernière ; ces déductions deviennent règles morales, règles qu'il faut observer sans considération immédiate de bonheur ou de misère, mais règles surtout obligatoires et qui s'imposent inéluctablement à nous, puisque le bonheur parfait auquel elles tendent doit fatalement se réaliser.

Se livre-t-on à cette étude des règles de l'existence, on reconnait que le principe qui doit assurer l'évolution régulière du monde vers sa fin heureuse, c'est l'obéissance la plus absolue possible à la *loi d'adaptation au milieu*, aux conditions de la vie tant individuelle que sociale. Cette adaptation seule permettra de réaliser l'équilibre, et c'est l'équilibre, l'harmonie entre les éléments de plus en plus hétérogènes et différenciés de l'univers qui apparaît à M. Spencer comme l'expression ultime du bonheur général. « Nous marchons vers une époque de liberté et d'égalité où, les sentiments des hommes étant adaptés aux conditions d'existence de notre espèce, leurs désirs obéiront spontanément à la grande loi économique de l'offre et de la demande, qui prend alors le nom de *justice* ».

Mais en attendant cet équilibre des forces, nous sommes soumis à des fluctuations violentes, quoique transitoires, dont les lois, observées par nous, doivent actuellement servir de bases aux règles de l'éthique : c'est ce déséquilibre qui est la cause de nos luttes et de notre misère présentes. Le mouvement vers le progrès ne peut se faire sans peine,

et pour l'instant la loi d'adaptation n'est guère pour nous
qu'une loi d'oppression et de dureté : quiconque ne peut ou
ne veut obéir à cette loi est nécessairement condamné à
disparaître ; tout ce qui est au contraire dans le sens vrai
de l'évolution demeure et devient définitif : tel est le mécanisme de la sélection. Peu à peu le monde s'épure pour ne
conserver que ce qu'il y a d'harmonieux et de concordau'
parmi les éléments dont il est formé : les autres doivent
être anéantis ; résistance aux lois de la vie naturelle et
résistance aux lois de la vie sociale doivent se trouver
inéluctablement brisées. Tonte infraction se traduira par
une réaction douloureuse, deviendra principe de peine.

Nous pouvons maintenant apercevoir clairement le passage de l'hédonisme ancien, tel qu'il est exposé par les benthamistes, à l'éthique et au droit de l'école positive et naturaliste. L'accord fondamental existe, et la doctrine de Spencer
semble nous en fournir la clef : le droit, qu'on lui donne
pour règle la recherche de la félicité immédiate ou le maintien de la vie sociale, dans les deux cas est fondé sur l'idée
du bonheur final ; du reste dans les deux cas aussi il n'a de
raison d'être justement qu'à cause de la non-réalisation de
ce bonheur final ; le droit, surtout le droit pénal, est quelque
chose de transitoire, destiné à disparaître avec la marche
du progrès : c'est là l'idée maîtresse de la politique Spencérienne.

C'est également celle des criminalistes Italiens. Nous avons
déjà dans notre introduction cité un passage de M. Ferri
caractéristique à ce sujet (1). Nous y ajouterons cette idée

(1) V. Ferri. « *La justice pénale, son évolution, ses défauts, son
avenir* », 1898, p. 84.

qu'il émet dans la conclusion de sa « *Sociologie criminelle* » :
« Si réellement il peut exister une politique criminelle, elle
n'est et ne peut être que l'art pratique d'adapter les conclusions générales de la sociologie criminelle aux exigences et
conditions particulières de chaque pays et de chaque moment historique (1) ». L'ouvrage de M. Garofalo contient de
même certains aperçus qui ne laissent aucun doute : les
principes du droit doivent être posés en se fondant sur l'état
actuel des choses, et quand bien même dans l'avenir appa-
raîtraient des obstacles forcés à leur application. « Un jour
peut-être l'espace viendra à manquer.... Faut-il, pour une
vague probabilité, cesser de tirer parti du monde tel
qu'il est à présent ? (2) »

Nous ne voudrions pas prétendre évidemment que Spencer
est l'inventeur de l'idée de politique criminelle telle qu'on la
conçoit aujourd'hui. Mais les développements qui précèdent
nous semblent indiquer quelle part prépondérante ses doctrines ont eue dans la formation de ce concept. Il est incontestable que les systèmes actuels de science criminelle procè-
dent de ces doctrines, comme aussi de celles de Darwin,
dont le nom s'unit à celui de Spencer lorsqu'on parle d'évolutionnisme ; de ce dernier point une longue démonstration
serait superflue : il suffit de jeter un coup d'œil sur
la méthode suivie par l'école positive, sur les recherches de Lombroso touchant l'origine du crime dans le
monde animal, et même en général dans toute la nature organisée, faisant continuellement des lois de l'atavisme et de

(1) Ferri. « *Sociologie criminelle* », p. 586.
(2) Garofalo. « *Criminologie* », p. 426.

l'hérédité la base de ses raisonnements, pour voir en lui un disciple du grand naturaliste anglais ; il le reconnait du reste lui-même (1). M. Garofalo dans sa théorie du délit naturel se rallie aux mêmes idées.

Or, que Darwin et Spencer soient des utilitaires (2), qu'on doive les regarder comme les continuateurs de Stuart Mill et de Bentham, on ne peut guère en douter ; nous venons de voir que Spencer fait du bonheur le terme final de l'évolution cosmologique. Pour Darwin également, le *bien général* est le but de la morale, et dans ce bien général le bonheur individuel entre comme un élément de notable importance. « Le bien-être réel et le bonheur de l'individu coïncident habituellement, dit-il, et une tribu heureuse et contente prospérera mieux qu'une autre qui ne le sera pas. Nous avons vu que dans les premières périodes de l'histoire de l'homme, les désirs exprimés par la communauté ont dû naturellement influencer à un haut degré la conduite de chacun de ses membres ; tous recherchant le bonheur, le principe du plus grand bonheur sera devenu un but et un guide secondaire fort important, les instincts sociaux, y compris la sympathie, servant toujours d'impulsion première et de principal guide ».

Au sujet de cette parenté que nous prétendons établir entre le benthamisme et les théories de l'Ecole Italienne, sur le fondement des conceptions spencériennes en honneur dans cette dernière école, quelques lignes de M. Guyau nous pa-

(1) V. Lombroso. « *Pro schola mea* » dans « *Zeitschrift f. die ges. Strafr.* » Année 1883, p. 466.

(2) C, f. sur cette question : Carrau. « *La morale utilitaire* », Paris, et Guyau. « *La morale anglaise contemporaine* », Paris 1879.

raissent caractéristiques : « Les systèmes de Bentham et de Stuart Mill tendent évidemment, dit-il, à s'absorber dans le système plus vaste de M. Spencer, qui leur laisse une place dans son sein et les complète sans les détruire. C'est donc à tort, selon nous, que les partisans de l'utilité et les partisans de l'évolution continuent à former en Angleterre deux camps distincts. Les points de désaccord entre eux sont plus apparents que réels et ne portent pas sur le fond des choses. Les vérités que contient la vieille doctrine utilitaire se fondront tout naturellement avec celles qu'apportent les systèmes nouveaux. Si la morale de l'évolution rencontre, comme nous le verrons plus tard, des difficultés sérieuses, il n'est pas une de ces difficultés qu'on ne puisse opposer avec plus de force encore à la morale de l'utilité proprement dite.

D'ailleurs les hypothèses de l'évolution et de la sélection ont acquis depuis quelques années un tel degré de probabilité qu'on peut prévoir le moment où elles seront universellement admises, comme l'est par exemple aujourd'hui l'hypothèse newtonienne de la gravitation ; il faut compter avec de telles hypothèses comme avec des faits démontrés ou prochainement démontrables. Il devient alors aussi absurde de vouloir construire sans elles un système de morale, qu'il le serait de construire un système d'astronomie en supposant les astres immobiles ou le soleil tournant autour de la terre. Aujourd'hui les vrais représentants d'une morale rationnellement utilitaire ne sont plus les penseurs timides qui se font l'écho affaibli des Bentham et des Stuart Mill ; ce sont les Darwin, les Spencer, et ceux qui n'hésitent pas à suivre ces maîtres dans la voie qu'il ont frayée (1). »

(1) Guyau. *La morale anglaise contemporaine*, p. 184.

Cette communauté de vues, telle que nous venons de la reconnaître, qui existe entre les différents systèmes utilitaires dont nous avions entrepris l'étude, suppose l'accord sur un autre principe qui tend aujourd'hui à occuper une place considérable dans la science criminelle, celui du caractère purement relatif des dispositions légales, et en particulier de l'existence d'un but dans la pénalité.

Le si important problème de fondement et de la justification des mesures pénales, problème dont la solution est somme toute, à notre avis, l'unique objet de la politique criminelle, toutes les autres questions abordées par elle n'étant en quelque sorte que des dépendances de celle-là, va nous fournir l'occasion de ce nouveau rapprochement. Le fondement de la pénalité est pour tous les utilitaires cette notion de finalité aujourd'hui si bien mise en lumière et en valeur par les jurisconsultes Allemands, et en particulier par M. Von Liszt. Nous lui emprunterons quelques éclaircissements qui nous permettront de mieux saisir l'accord sur cette idée fondamentale de l'Ecole Italienne et de l'utilitarisme classique.

M. Von Liszt constate que jusqu'en ces dernières années l'idée de châtiment a dominé dans la science pénale (1); l'influence des doctrines de Kant, de Fichte, de Hegel et de Herbart était telle que toute théorie contraire n'était même pas admise à la discussion. La publication en 1877 de l'ouvrage d'Ihering, « *Der Zweck im Recht* », a opéré à cet égard une véritable révolution. Aujourd'hui « le combat est

____

(1) Von Liszt : « *Der Zweckgedanke im Strafrecht* » dans Zeitschr. f. die ges. Strafr., année 1883, p. 2.

engagé sur toute la ligne (1). » Il s'est formé en Allemagne
toute une littérature pour soutenir la théorie dite « relative »,
c'est-à-dire la théorie de la peine soutenue et justifiée par
la notion de son but. Et à ce mouvement général, dont il
affirme l'extrême importance, au point de vue de l'idée de
politique criminelle et de son évolution, le professeur de
Halle prend lui-même une part active.

« Toute espèce de droit, dit-il, est de création humaine, et
reconnait pour but la protection d'intérêts humains. Ce rôle
de puissance protectrice est de l'essence même du droit;
l'idée de finalité est la force qui lui donne naissance (2). »
Cependant, si c'est là l'idée parfaite et actuelle du droit, il
faut reconnaitre qu'il n'en a pas toujours était ainsi, principalement en ce qui concerne la peine. Primitivement la peine
est une réaction instinctive et aveugle contre l'action lésive,
réaction d'abord individuelle (3), puis réaction de groupe à
groupe; elle possède alors un caractère religieux, apparait
comme la vengeance du sang. Une seconde période nous
montre la réglementation de cette réaction jusqu'alors sans
mesure et sans but; son perfectionnement, selon la conception de Spencer, consiste à se différencier, à se diviser : on

(1) *Id., ibid.*, p. 4.

(2) Von Liszt : « *Lehrbuch des deutschen Strafrechts.* » Berlin
1894, 6ᵉ éd. p. 49.

(3) M. Von Liszt voit dans cette peine primitive une lutte pour
la conservation individuelle au service inconscient de la conservation de l'espèce. Il se rattache donc lui aussi à l'évolutionnisme
par sa théorie générale, et par certains côtés au Darwinisme proprement dit.

V. « *Der Zweecged. im Strafr.* » *loc. cit.*, p. 10.

voit apparaître les peines corporelles, pécuniaires, etc., ces dernières sous forme de compositions d'abord facultatives, plus tard obligatoires. Puis à la vengeance du groupe se substitue l'exercice de la peine par l'Etat : les compositions sont fixées à l'avance, ou bien parfois on applique la règle du talion : la puissance sociale ainsi limitée, c'est le droit pénal.

Telles sont les notions originaires ; le progrès va consister dans l'aperception de plus en plus complète de l'idée de but ; cette idée seule permet de mettre véritablement au service des intérêts sociaux les diverses formes et les effets multiples de la pénalité. La peine ayant subi ce que M. Von Liszt appelle une *objectivation* (Objektivierung), c'est-à-dire étant arrivée à la dernière période que nous avons reconnue, lorsque le droit de punir est confié non plus à l'individu et au groupe lésés, lesquels ne sont mûs que par le sentiment de vengeance, mais à un organe social resté indemne et par conséquent impartial, à l'État, alors seulement devient possible la formation des concepts touchant sa véritable fonction, l'étude de la société, de ses lois, du crime dans ses manifestations particulières et (seulement plus tard) dans sa théorie générale. De notion obscure et de vengeance sans frein, la pénalité par ces transformations s'adapte peu à peu à son véritable but d'une manière toujours plus parfaite. De la primitive violence naît le droit. « Le droit n'est à mes yeux, dit Ihering, que la violence devenue consciente de son propre avantage et ayant reconnu la nécessité de se limiter : de cette violence il ne diffère donc pas essentiellement, il n'en est qu'une manifestation d'un genre particulier : une forme de violence juste, régulière, soumise à des règles, disciplinée, par opposition à la forme sauvage, brutale, sans frein, obéissant aux seuls intérêts du moment (1) ».

Le but de la peine peut être envisagé selon M. Von Liszt à trois points de vue :

1° Elle agit sur la collectivité d'abord par intimidation (« Generalpraevention »), et ensuite en affermissant dans le peuple la notion et le respect du droit par la conservation de l'ordre.

2° Elle exerce sur la victime la même influence, et lui procure en outre la satisfaction de se voir vengée.

3° Sur le criminel elle peut produire deux effets différents : ou bien elle a pour but de le rendre utilisable pour la société (adaptation), ou bien, s'il est devenu inadaptable, elle le met dans l'impuissance d'agir (sélection artificielle).

La peine est susceptible de varier suivant qu'elle vise à tel ou tel de ces effets, et son appropriation en ce sens est l'objet de la politique criminelle. Mais dans tous les cas elle trouve sa justification dans sa finalité, c'est-à-dire dans sa nécessité pour la conservation de l'ordre social. Ainsi conçue, la pénalité peut se concilier avec l'admission du libre-arbitre, mais elle est indépendante de l'exactitude de cette dernière notion ; tout ce qu'elle suppose, c'est la *normalité*, du criminel, ce qui signifie pour M. Von Liszt la faculté de ressentir le mal comme le commun des hommes et de se déterminer par les motifs qui les font généralement agir, conditions suffisantes pour que le condamné éprouve l'effet cherché.

Qu'on le remarque, la peine, pour atteindre ses différents

(1) Ihering : « *Der Zweck im Recht* » 1877, p. 251.

buts, doit varier non pas avec la qualité du fait commis, mais suivant la personnalité du criminel (1) ; l'étude seule des délinquants sous les rapports biologique et sociologique peut donner à la science pénale sa véritable direction. Puisqu'il ne s'agit pas de punir le passé, mais de prendre des mesures en considération de l'avenir, le fait commis n'a en lui-même qu'une importance restreinte ; mais encore faut-il qu'il y ait véritablement fait commis, acte criminel ; car la protection sociale ne doit pas fonder la loi des suspects et conduire à sacrifier la liberté individuelle. De même, pour atteindre complètement le but cherché, il ne faut point perdre de vue les influences générales de la peine, ses effets sur la collectivité : le désir de réformer le condamné ne doit pas le faire soumettre à des mesures capables de choquer trop profondément les sentiments de justice du peuple ; les réformes qui heurteraient de front l'opinion publique au lieu d'essayer de la corriger progressivement, seraient plus nuisibles qu'utiles.

Le seul principe de finalité est donc en état de donner la mesure de la peine en qualité et en quantité ; lui seul fournit la base nécessaire, le criterium pour l'application des mesures pénales. Car les partisans eux-mêmes de la conception contraire, ceux qui font reposer la science criminelle sur la notion de jutice absolue, avouent que cette notion, propre à justifier le droit de punir, ne saurait aucunement suffire pour sa mise en pratique (2). Kant, à l'avis

(1) Von Liszt ; « *Die deterministischen Gegner der Zweckstrafe* » dans *Zeitschr, f. die ges. Straf.* Année 1893.

(2) Von Liszt.« *Der Zweegedanke im Strafrecht* » dans *Zeitschr,f. die ges. Strafr.* Année 1883. p. 21.

de M. Von Liszt, est peut-être le seul parmi ceux qui ont soutenu le principe de la pure justice, de la proportionnalité dans la répression, qui ait tenté de mettre la pratique en accord avec sa théorie. Tous les autres recourent à des considérations sans rapport avec la notion qui constitue leur point de départ. Fichte, Herbart, cherchent la mesure de la peine dans l'utilité et la pensée de protection sociale. Si l'on s'en tenait à la simple idée de châtiment, ne voulant atteindre que l'action elle-même, l'acte délictuel, comme le proposent les adeptes de la théorie classique, on arriverait à des résultats qui sont à peu près unanimement rejetés : par exemple, tout le monde est d'accord pour faire de la récidive une circonstance aggravante : mais n'y a-t-il pas là pour un classique une infidélité à ses principes ? Il ne se borne pas à considérer l'acte à châtier, il fait une incursion dans la vie antérieure du délinquant et punir sa conduite passée; si l'on se plaçait pour l'appréciation du fait au seul moment où il a été commis, on serait plutôt amené à faire de l'habitude une circonstance atténuante, puisqu'elle a pour résultat d'affaiblir la volonté, et par conséquent la responsabilité, au sens classique du mot.

Ainsi donc la pensée du but, de la finalité, est essentielle à la science pénale et l'on ne peut s'en affranchir. Son affirmation précise et explicite, par les conséquences qu'on peut en tirer, donne seule à cette science la sûreté et la clarté nécessaires : l'idée du pur châtiment, de la « Vergeltungsstrafe » n'engendre que l'obscurité (1).

On voit combien cette théorie téléologique, ainsi conçue et commentée, s'accorde avec les théories pénales qui ont

(1) Von Liszt, *loc. cit*, p. 31.

fait l'objet de ce travail. C'est bien le but pour Beccaria qui caractérise la peine : l'infliction d'un mal inutile, fût-elle réclamée par les règles strictes de l'équité, lui apparaît comme révoltante. Vouloir « défaire un crime déjà commis », selon sa pittoresque expression, constitue pour lui une entreprise chimérique. Le contrat social, dont dérive le droit de punir, n'a été conclu par les hommes que dans une pensée d'utilité, parce qu'il était devenu absolument nécessaire pour maintenir l'ordre, condition indispensable de la prospérité du genre humain ; c'est donc le maintien de cette prospérité générale que doit se proposer l'organisation pénale, et la science criminelle consiste à rechercher les moyens les plus propres à atteindre ce but. Tout autre principe ne serait qu'une source d'arbitraire et d'injustice, car les hommes par leur convention ont eu en vue leur bonheur propre, et non pas le règne sur la terre d'une justice idéale. Rien n'est plus dangereux selon Beccaria que les théories qui font d'un tribunal humain le vengeur de la justice divine offensée par le délinquant : ce sont des conceptions de cette nature qui donnèrent naissance aux abus de l'ancienne jurisprudence.

Il ne faut pas considérer le droit comme une règle transcendante, comme une « norme » à laquelle nous serions naturellement soumis ; l'ordre juridique est une création artificielle, qui n'est pas, comme on se l'imagine, essentiellement contraire à la force : le droit est la force elle-même, il est composé des forces individuelles restreintes de la façon la plus utile aux intérêts de la communauté. Nous savons que cette notion de l'identité essentielle entre le droit et la violence est celle même que développa le chef de la nouvelle école allemande, Ihering. Quant à l'objet même de la pénalité, Beccaria le formule presque dans les mêmes termes que le plus illustre défenseur de l'idée de but en droit pénal, M. Von Liszt : « L'objet des peines, dit-il, est d'empêcher le coupable de nuire désormais à la société, et de détourner ses concitoyens de commettre des crimes semblables » (1).

Pour Bentham, l'idée d'utilité qui gouverne l'éthique tout entière donne évidemment au droit pénal la finalité pour fondement. Toute peine est un mal : mais d'autre part le délit est aussi une source de maux ; on recourt à un simple calcul pour déterminer par comparaison le côté où doit pencher la balance. Aucune considération de justice pure n'intervient donc, puisque la justice pourrait parfois conduire à des résultats contraires à l'arithmétique de l'utilité, mettre en échec par des règles absolues le principe du moindre mal. Peines et récompenses sont uniquement envisagées comme des moyens d'augmenter la somme de félicité générale, et le législateur doit dans leur organisation avoir toujours en vue leur appropriation la plus parfaite à ce but, le grand principe en la matière, celui qui doit le guider constamment, étant « de n'user jamais d'un moyen préventif qui serait de nature à faire plus de mal que le délit même (2) ». La considération du passé pour Bentham n'a jamais eu aucune espèce d'importance (3) : le futur seul importe.

---

(1) Beccaria. *Traité des délits et des peines*, § 15, p. 70.
(2) Bentham. *Traité de législation civile et pénale*, t. II, p. 60.
(3) Voir à ce sujet la singulière anecdote racontée par Philarète Chasles et rapportée par M. Guyau dans son livre sur : *La morale*

Vouloir infliger sans arrière-pensée d'utilité à atteindre un mal pour le mal commis serait pour lui le comble de l'absurdité : ce serait le triomphe de la théorie de la douleur désirable et sanctifiante par elle-même, de ce principe d'*ascétisme*, auquel il s'attaque avec une véritable fureur (1). Le but, le but seul d'utilité intelligemment et raisonnablement comprise doit être le guide et la mesure des règles de pénalité. De là, ces observations que nous avons relevées sur la valeur réelle et apparente des peines, sur leur efficacité, sur la méthode pour évaluer les biens et les maux qui en dérivent, enfin sur leur remplacement dans certains cas par d'autres procédés mieux appropriés à la fin désirée, par d'autres *remèdes* aux maux dont les délits sont la cause, la peine étant regardée comme un moyen extrême et dont l'application doit être autant que possible évitée, selon les sages préceptes de l'économie utilitaire.

Quant à la justification du droit de punir, elle découle si naturellement des principes généraux de sa doctrine, que Bentham y consacre fort peu de développements ; le but à atteindre est le bonheur général, et comme pour notre philosophe l'utilité seule est principe de justice, il s'ensuit qu'aucun procédé susceptible de conduire à la *maximisation du bonheur* ne doit être rejeté : la peine, dans certaines limites

---

anglaise contemporaine. p. 3, où Bentham, avec l'intransigeance un peu brutale qui le caractérise, affirme son détachement pour tout ce qui est passé ; il manifeste l'intention d'abattre dans son jardin quelques arbres sous lesquels vint jadis rêver le grand Milton, le souvenir n'ayant à ses yeux nulle valeur et le respect qui s'y attache n'étant que le produit d'une sentimentalité peu éclairée.

(1) *Traité de législation civile et pénale*, t. I, chap. II.

que nous venons de déterminer brièvement, concourt certainement à l'augmentation de la félicité totale. Elle est donc justifiée par son but.

En ce qui concene les théories de l'Ecole Italienne, la conception de M. Von Liszt sur le fondement de la pénalité en est, à notre avis, tellement proche (1), que la communauté de vues semble évidente.

La défense sociale, consciente ou inconsciente, telle est la base, comme nous l'avons vu, des doctrines de MM. Garofalo et Ferri. Le but de protection, que Von Liszt met si bien en relief, est le principe même des mesures proposées par l'Ecole Lombrosienne. Les mots de *défense*, *d'adaptation*, *d'élimination*, reviennent à tout moment dans les ouvrages des criminalistes appartenant à cette école. C'est par l'idée de but qu'ils justifient la peine, c'est aussi, quoique la chose au premier abord semble un peu paradoxale, au nom de la même idée que M. Ferri prêche sa restriction : car si l'on acquiert la preuve que dans la plupart des cas elle est incapable de remplir aucune des fins qui lui sont assignées, n'est-il pas évident que dans ces circonstances le

---

(1) Au moins dans ses traits généraux : bien que M. Von Liszt se défende avec énergie de toute compromission avec la nouvelle Ecole, il ne peut nier cependant que les doctrines italiennes n'aient exercé sur lui, et par conséquent aussi sur la direction scientifique de l'Union Internationale, une influence sensible. Pour citer des faits précis entre plusieurs, le préambule de l'article publié par lui sous le titre de « *Kriminalpolitische Aufgaben* » dans sa *Revue* (année 1889), et les définitions qu'il donne de la politique criminelle dans son « *Lehrbuch* », portent très certainement la trace de cette influence.

seul parti à prendre est de la supprimer. On la laissera subsister au contraire lorsqu'il apparaîtra qu'elle reste l'unique moyen utilisable contre certaines formes de la criminalité ; mais en ce cas on ne devra se préoccuper que de l'effet à atteindre et de l'organisation la plus propre à y parvenir. Il n'y aura à tenir compte d'aucune considération de juste ou d'injuste, car la justice et l'injustice sont des conceptions artificielles et qui ne correspondent à aucune réalité (1). Peines et récompenses naturelles, indépendantes de la volonté rationnelle de l'homme, se distribuent sans aucune proportion avec le mérite et le démérite de l'individu. « La *diva* qui naît avec une voix merveilleuse, le poëte à l'inspiration heureuse, l'homme aux traits sympathiques, etc., sont tous bien vus et récompensés, quoiqu'ils n'aient rien fait pour être ce qu'ils sont (2) ». Pourquoi donc en serait-il autrement d'une certaine catégorie de réactions sociales, celles qu'on désigne sous le nom collectif de pénalité? Elles doivent être assimilées aux autres, suivre les mêmes règles. « Mais la justice, s'écrie-t-on, la justice proteste contre une souffrance que la société inflige à l'individu, si cet individu n'est que la victime de la fatalité de son organisme! Eh ! bien, si la souffrance infligée est nécessaire pour le salut de la société, que la justice abstraite proteste, nous n'y pouvons rien. Le monde entier ne présente qu'un spectacle continuel de semblables injustices ». (3) On ne doit donc pas s'occuper de l'équité des peines, mais seulement de leur uti

(1) V. Ferri, « *Sociologie criminelle* ». Ch. III.
(2) *Id., Ibid.*, p. 320.
(3) Garofalo « *Criminologie* » p. 335.

lité. Si M. Garofalo parle, comme nous l'avons vu, de la maxime « *punitur quia peccatum est* », et de son application dans le système de pénalité positive, ce n'est assurément pas dans le sens où la prenaient les criminalistes classiques ; ce n'est pas une application *morale*, c'est une application *naturelle* qu'il en fait ; le crime doit entraîner la peine comme une réaction, mais uniquement parce que ce rapport causal est nécessssaire à la conservation de la société. En d'autres termes, pour la science classique, le rapport de la peine au crime ne suppose aucune considération étrangère, constitue une notion absolue : pour l'école positive, la notion n'est plus que relative et secondaire.

L'accord nous semble donc établi entre les systèmes dont il a été traité dans cette étude sur les deux points fondamentaux de l'existence d'un but dans la pénalité et de la nature de ce but, de ce qu'il convient de désigner sous le nom *d'utilité*. L'unité de vues ne nous paraît pas moins certaine en ce qui concerne une question générale de grande importance, les rapports de la législation pénale avec les autres branches de la science juridique, en particulier avec la législation civile. Nous avons eu déjà au cours de notre exposé l'occasion d'entrer dans quelques détails à ce sujet : nous n'y reviendrons donc que pour en donner une vue d'ensemble.

Dans les systèmes finalistes, la pénalité, l'infliction d'un mal au coupable, n'est considérée que comme un pis-aller. Elle n'est pas comme pour les partisans de l'expiation une sorte de nécessité inéluctable, elle ne fait pas partie d'un ordre de choses particulier dans lequel le coupable se serait immiscé contre son droit et dont il ne pourrait plus s'échapper qu'après avoir subi un juste châtiment. La sanction pé-

nale ne diffère pas essentiellement des autres sanctions sociales; toutes sont des moyens d'atteindre un même but, toutes
doivent être concurremment employées: c'est simplement
l'affaire de la politique criminelle de décider en chaque cas
quel est le mode le plus convenable.

De là cette pensée commune à tous les utilitaires, que la
séparation tranchée qui existe dans la science juridique actuelle entre la législation d'ordre civil et la législation d'ordre pénal est purement artificielle et inféconde. Pourquoi,
étant donné que toutes deux ont en vue même fin, les
condamner à agir séparément et à s'ignorer mutuellement ?
N'est-ce pas un principe d'une sagesse élémentaire qu'une
aide réciproque, une collaboration éclairée et habile sont
les meilleurs moyens d'augmenter dans des proportions considérables les forces qui à l'état isolé resteraient impuissan-
tes ? Puisque la lutte contre le crime ne peut que gagner à
une entente, il convient de ne point maintenir une inutile et
périlleuse distinction.

La peine est une arme dangereuse; pour les benthamistes, elle a l'inconvénient capital d'être en elle-même un mal,
mal destiné, il est vrai, à éviter des maux supérieurs en
quantité ou en qualité, mais enfin il n'en est pas moins vrai
que son emploi diminue la somme générale du bonheur de
l'humanité. S'il était possible d'arriver au même résultat,
d'écarter le péril social, avec des moyens moins dispendieux,
la doctrine toute mathématique du philosophe anglais ne
pourrait que voir dans l'opération un évident bénéfice. Aussi
Bentham préconise-t-il l'emploi des moyens *satisfactoires*
de préférence à celui des peines proprement dites : la peine
ne fait disparaître que les maux du second ordre; le mal du

premier ordre (1) survit ordinairement à son exécution : si la simple réparation est dans tel ou tel cas susceptible de neutraliser ces diverses sortes de maux, il est hors de doute qu'elle doit être préférée.

M. Spencer a poussé cette idée jusqu'à ses plus extrêmes limites (2) : le traitement normal à faire subir aux délinquants, consisterait dans la coërcition à la réparation des dommages causés par le délit : quant aux modes de réparation, ils nécessiteraient la mise en liberté du condamné. Cette mise en liberté ne lui serait toutefois accordée que s'il fournissait un garant honorable promettant de le surveiller et de le remettre aux mains de la justice au cas où il s'écarterait des règles fixées. Ceux qui ne trouveraient pas de garants seraient soumis à des mesures de ségrégation ; mais comme, selon toutes probabilités, ce seraient précisément les auteurs des crimes les plus graves qui exciteraient ainsi la défiance, le procédé constituerait une sorte de « régulateur automatique ». Bien entendu, le mal une fois réparé, la satisfaction fixée étant complètement fournie, il n'y aurait lieu à l'application d'aucune espèce de peine.

Cette aide mutuelle que dans une bonne conception de politique criminelle doivent ainsi se prêter les institutions civiles et pénales, nous en trouvons l'idée surtout développée chez les criminalistes de l'école Italienne : pour eux, nous l'avons vu, les mesures de dédommagement doivent être

(1) Pour l'explication de ces expressions, v. ci-dessus, p. 50.
(2) Spencer : « *Morale de la prison* dans les *Essais de morale, de science et d'esthétique* ». Trad. Burdeau. Paris 1899, T. II p. 350 et s.

perfectionnées et développées jusqu'à acquérir une place prépondérante dans le système social de combat contre le délit ; « défense et réparation », telle pourrait être leur devise : ils considèrent que la société a une part de responsabilité dans le crime ; c'est en partie sa mauvaise organisation qui est cause du dommage subi par la victime ; celle-ci acquiert donc un droit qui doit passer au premier rang, avant les droits communs et sociaux, avant l'intérêt public. C'est d'elle qu'il convient de s'occuper en première ligne, et les exigences de la société vis-à-vis du criminel doivent être subordonnées aux siennes. Bien plus, dans beaucoup de cas, surtout lorsqu'il s'agit de délits peu graves ou de faits d'ordre pécuniaire, la seule et unique contrainte au dédomagement mais rigoureusement comprise, et non pas débonnaire comme elle est actuellement, sera une mesure suffisante contre l'auteur de l'acte lésif. Cette théorie a l'avantage, selon les criminalistes dont nous exposons les idées, de fournir une solution à la très grave et difficile question du remplacement des courtes peines privatives de liberté, question actuellement à l'ordre du jour dans la science criminelle : aux courtes peines devrait simplement être substituée la coërcition à la réparation large et complète des dommages causés par le délit.

Nous en avons assez dit pour montrer quelle est, en ce qui concerne les grands principes, l'unité de vues des systèmes qui donnent à la science pénale l'utilité pour fondement. Quant aux conséquences de détail qui dérivent de cette concordance primitive, leur examen a trouvé antérieurement sa place et, nous avons rencontré maintes fois l'occasion de très nombreux rapprochements : elles sont gouvernées par les idées générales que nous avons mises en lumière.

La conclusion d'ensemble que nous pouvons tirer de cette étude, c'est donc que la séparation est loin d'être aussi tranchée qu'on l'imaginerait au premier abord entre les classiques utilitaires et les positivistes d'aujourd'hui : le même souffle scientifique, et, pour forger un mot qui rend bien l'idée commune des deux écoles, le même esprit « anti-métaphysique » les anime : aux premiers a seulement fait défaut la solide base scientifique, la perfection de documents dont s'enorgueillit à bon droit l'époque présente. MM. Garofalo et Ferri, les théoriciens de la politique criminelle positive, nous apparaissent comme les successeurs de Beccaria et de Bentham, auxquels les progrès de la science moderne, les recherches de Darwin et celles de Lombroso ont apporté de précieux matériaux qu'ils ont su d'ailleurs employer et mettre en valeur avec une ingéniosité et une élévation de vues qu'il serait fort injuste de ne point reconnaître. Le secours de la science, le fondement que l'expérience est seule capable de fournir, voilà ce qui manqua à leurs devanciers ; obligés pour ainsi dire de tout créer par eux-mêmes, ceux-ci n'en sont pas moins arrivés à des conclusions souvent exactes, et leurs travaux sur plus d'un point ont certainement inspiré l'école positive moderne.

Mais ce double et puissant effort vers la vérité dont les deux fins de siècle nous offrent le spectacle, nous refusons de penser, comme certains ne craignent pas de le prétendre, qu'il doive rester sans fruit : nous croyons fermement que notre époque, tant décriée par des écrivains plus amoureux

du brillant et facile paradoxe que de l'exacte observation,
est parvenue, sinon dans l'ensemble, au moins dans le détail
tant pour la science criminelle que pour les autres branches
des connaissances humaines, à des résultats définitifs.

Vu :
le Président de la thèse
R. SALEILLES

Vu :
le Doyen
GLASSÓN

Vu et permis d'imprimer,
Le Vice-recteur de l'Académie de Paris
GRÉARD

TABLE DES MATIÈRES

9 782019 135829